Schweizer Nußtaler

250g Butter
125g Zucker
1 V-Zucker
Prise Salz
125g gerieb. Nüsse
250g Mehl

Aus dem Knetteig Rollen formen, diese in 1 Eßl. Kakao u. 1 Eßl. Zucker wälzen, ruhen lassen. Dünne Plätzchen abschneiden u. auf Backpapier 10 Min. 175 Grad backen. Lecker!

Bethmännchen

100g geschälte Mandeln halbieren

250g Marzipanmasse
1 Eiweiß ungeschlagen
10g Mehl
75g Puderzucker

} mit den Händen verkneten

Kirschgroße Kugeln formen u. 3 Mandelhälften dagegensetzen. Mit Rosenwasser bepinseln nach dem Backen.

Baiser = Spanischer Wind

2 Eiweiß sehr steif schlagen
100g Zucker langsam hinzu
etwas Hirschhornsalz

oder

3 Eiweiß etwas schlagen, dann
90g Zucker langsam hinzu u.
steifschlagen, 75g Puderzucker
10g Pudermehl
1 1/2 Teel. Zitronensaft
Mit dem Teel. oder Spritzbeutel kleine
Häufchen auf Backpapier setzen u.
ca 60 Min. 100° backen
Als Gebäck zum Kaffee oder Eis oder
als Baisertörtchen backen, diese
dann mit Sahne füllen u. einen
Ananasring darauflegen oder
mit Erdbeeren.

Gelbe „Spanischer Wind"

3 Eigelb
100 g Zucker } schaumig rühren
40 g Mehl
etwas Hirschhornsalz

Mit dem Teelöffel kleine Häufchen auf das Backpapier setzen und ca 15-20 Min. 130-140 backen.

Als es kein Backpapier gab, wurden die Backbleche gefettet und danach leicht mit Mehl bestäubt.

Babykuchen

für Kinder geeignet, da sie nicht bröseln! 125 g Zucker, 1 Eigelb, 1 ganzes Ei, 125 g Mehl, etwas Backpulver.
Auf Backpapier 1/2 Teel. voll Teig setzen und 10 Min. 170° backen.

Essen = S-Gebäck

1 Eigelb
125g Zucker
250g Butter
375g Mehl

alles zusammen kneten und „S" spritzen. Goldgelb backen, ca 10 Min.

Eierkränze

4 hartgekochte Eigelb reiben
125g Butter
125g Zucker
200g Mehl

alles gut verkneten, dann den Teig in bleistiftdicke Röllchen drehen und Ringe von ca 4cm Ø formen, diese mit Eigelb bestreichen, dann in Hagelzucker mit Mandelstifte vermischt mit Gefühl breitdrücken, 15 Min. 170° backen.

Florentiner

300g Zucker
100g Marzipanrohmasse
100g Sukkade, fein gehackt
100g Butter
50g Mehl
1 Becher Sahne, etwas weniger
alles zusammen aufkochen, dann
200g Mandelblättchen untermischen
Den Teig 1 Tag vorher kochen, dann
kleine Kugeln formen u. auf einem
mit Backpapier ausgelegtem Blech
backen. Die Kugeln vorher mit nassen
Fingern flach drücken, 10 Min. 170°
Die Hälfte der Kuchen mit 200g Kuvertüre
bestreichen. Gefriergeeignet.

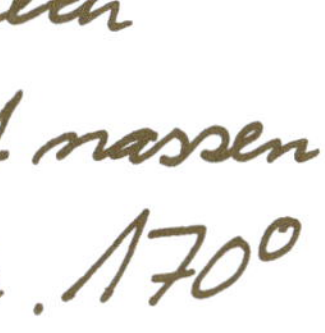

Setze dem Überfluß Grenzen und laß'
die Grenzen überflüssig sein!

Nußstangen

2 Eigelb
125 g Butter } schaumig rühren
125 g Zucker

150 g Mehl
125 g gerieb. Haselnüsse
vom Teig 4 cm fingerdicke Stangen formen u. 15 Min. 170° backen.

Haferflockenmakronen

250 g kernige Haferflocken
125 g flüssige Butter
vermengen und erkalten lassen
1 Ei mit
130 g Zucker schaumig rühren
2 Eßl. Mehl
1 Teel. Backpulver
Auf Backpapier kleine Häufchen backen
15 Min. 180°   ca 35 Stück

Heidesand

250 g Butter
350 g Zucker
500 g Mehl
event. 1 Vanillemark
15 g Hirschhornsalz

Der Teig ist wie Sand, mit einem Teel. Häufchen auf Backpapier setzen und etwas zusammendrücken.
Backzeit: ca 15 Min 170° hellgelb

Dieses Rezept ist von meiner Mutter. Heidesand hat sie immer für uns vorrätig. Auch ihre Enkel und Urenkel Anja, Carsten, Hilke, Nils, Maren, Wiebke und Inken wissen genau, wo der Kuchenkasten steht.

Nicht jeder, der aus dem Rahmen fällt, war im Bilde.

Butterkekse

250 g Butter
2 Eier
200 g Zucker
1 Eßl. Rum
1 V.-Zucker
1 Zitrone
1 Messerspitze Zimt
500 g Mehl

Den Knetteig kaltstellen, dann auf einer bemehlten Unterlage ausrollen u. Kekse oder Figuren ausstechen. Auf Backpapier 10 Min. 150° backen. Die ausgekühlten Kekse mit Zuckerguß bemalen, mit bunten Streuseln verzieren oder auch 2 Kekse, mit Buttercreme u. mit Kakao bestrichen, zusammen klappen.

Butterkekse

150g Butter cremig rühren,
150g Zucker
2 ganze Eier } hinzufügen
500g Mehl
1/2 Backpulver } gemischt dazu
Zitrone

Der Knetteig wird mit der Backrolle dünn ausgerollt, mit der Kartoffelreibe Muster eindrücken und dann Plätzchen ausstechen u. auf Backpapier backen, 180° ca 10 min. hellgelb.
Die Kekse können mit Kakao- od. Orangenbutter gefüllt werden.
100g weiche Butter mit 125g Staubzucker u. 2 Eßl. Orangenlikör oder mit Kakao verrühren.
2 Kekse = 1 gefülltes Plätzchen.

Korinthenplätzchen

125 g Butter 125 g Zucker 1 Eigelb 180 g Mehl 75 g Pudermehl 100 g Korinthen	aus dem Knetteig Rollen formen u. ruhen lassen, dann Plätzchen abschneiden und backen. 10 Min. 180°

Nußkugeln

60 g Butter 250 g Zucker 4 ganze Eier	zusammen rühren

250 g gemahl. Haselnüsse
500 g Mehl
Aus dem Knetteig Kugeln formen, eine Nuß in die Mitte drücken u. auf Backpapier backen. 10 Min. 180°
Mit Staubzucker überpudern

Fehmarnsche Butterkringel

250 g Butter
1 Becher geschlagene Sahne
250 g Mehl } mischen
1 Paket Trockenhefe }
1 Prise Salz

alles gut zu einem Teig zusammenkneten, kalt stellen, Kringel drehen und in Hagelzucker flach ausdrücken.

250 g Hagelzucker.

Backzeit: ca 10 Min 175°

Ergibt ca 80 Kringel, gefriergeeignet.

Wihnachtsmann, ick weit wer Du büst!
Hüt büst Du Wihnachtsmann
un morgen föhrst Du Mist!

Lütt'n Knaken, groten Knaken,
Wihnachtsmann, din Büx is apen!

Mandelhörnchen von Anke

500g Marzipanrohmasse
3 ungeschlagene Eiweiß
100g Zucker

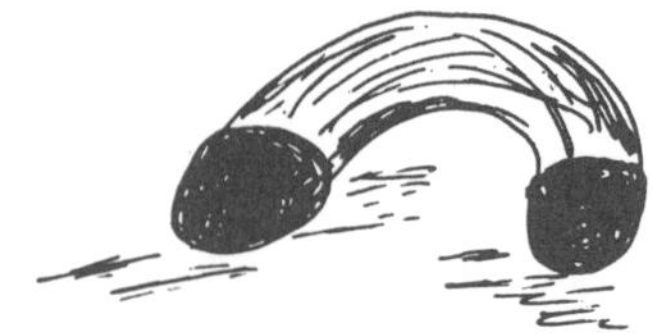

wie Mandelhörnchen von Doris verarbeiten und backen.
Ergibt ca 50 Stück.

Mandelhäufchen

1 Eischnee
100g Marzipanrohmasse
65g Puderzucker
2 Eßl. Pudermehl

alles vermengen u. Kugeln formen
3 halbe Mandeln an jede Kugel drücken (wie Bethmännchen) und auf Backpapier 20 Min. 175° backen
Ergibt ca 20 Stück.

Rezept von Elisabeth Kleingarn

Mandelhörnchen von Doris

2 Eier
175g Zucker } schaumig rühren
1 V.-Zucker

250g abgezogene, geriebene Mandeln
paar Tropfen Bittermandelöl
Den Teig in einen Spritzbeutel ohne Tülle füllen, dann 4-5 cm lange Rollen spritzen und diese in 200g Mandelblättchen wälzen.
Auf Backpapier 10 Min. 175° backen
Nach dem Backen die Hörnchenenden mit 1 Pckg. Kuvertüre bestreichen.

Mandelhörnchen von Kirsten

250 g Marzipanrohmasse
125g Zucker
2 Eßl. Öl
2 ungeschlagen. Eiweiß

} wie oben verarbeiten u. backen.

Makronen

2 Eiweiß sehr steif schlagen
250 g Zucker mit gerieb. Zitrone u.
250 g geriebene, enthäutete Mandeln
mischen, dann löffelweise das
Eiweiß dazu geben, soviel bis
eine feste Masse entsteht.
Sukkade fein gehackt kann
untergemischt werden.
ca 10 Min. 180° backen auf
Backpapier

Mandelesse

200 g geschälte, gerieb. Mandeln
200 g Butter
200 g Zucker
200 g Mehl
1 Eigelb, Vanillemark

Aus dem Knetteig
Esse formen.

15 Min. 175° „S" auf Backpapier backen.

Granatsplitter

150 g Mehl, 1 gestr. Teel. Backpulver, etwas Rumaroma, 2 Eßl. Milch, 50g Butter, 1 V-Zucker. Den Knetteig dünn ausrollen und Plätzchen ca 4cm Ø ausstechen. Die Reste vom Ausgerollten auch abbacken und dann zerkrümeln. Diese Krümel an 300g Nußnougat und 100g gehackte Mandeln geben. Die Creme kuppelartig auf die Plätzchen streichen.
1 Schwartau-fix auflösen, dann die Oberseite hineintauchen.

Heidesand

500g Butter bräunen u. abkühlen lassen.
750g Mehl
250g Zucker, 1 V-Zucker
Den Teig zu Rollen formen, in Zucker wälzen, kühlstellen, Plätzchen abschneiden u. auf Backpapier hellbraun abbacken.

Makronenschnitte

Rezept v. meiner Mutter

1 Rezept Mürbeteig auf einem Backblech abbacken, dünn mit Johannisbeergelee bestreichen, darauf folg. Masse:

250 g Marzipanrohmasse
200 g Puderzucker
2 Eischnee
gut verrühren

Auf die Marzipanmasse grob gemah. Haselnüsse streuen, hellgelb backen.
20 Min. 160°

noch warm in kleine Dreiecke schneiden.

Leckeres Kleingebäck.

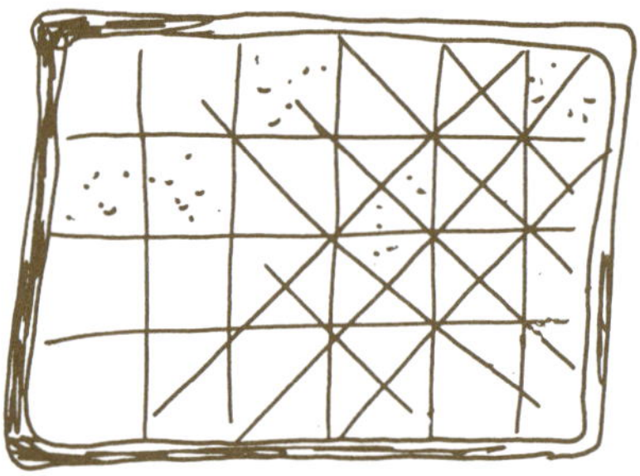

Sandtaler von Traute Möller

200 g Butter — aus dem Knetteig
80 g Puderzucker — Rollen von ca 4 cm Ø
250 g Mehl — formen u. kaltstellen,
1 V.-Zucker — dann die Rollen

rundherum mit Eigelb bestreichen und in 200 g gehackten Mandeln wälzen. Gleichmäßige Scheiben (Taler) abschneiden ca ½ cm dick u. auf Backpapier abbacken. 15 Min. 180°

Schokoplätzchen

2 Eischnee sehr steif schlagen
125 g Zucker
125 g gemahl. Mandeln
125 g gerieb. Blockschokolade
etwas Zitronenschale
Auf Backpapier kleine Häufchen abbacken. 10 Min. 180°

Marshalltörtchen

30 Blätterteigoblaten ca 4cm Ø vom Bäcker oder aus Blätterteig selbst herstellen.
500g entsteinte Backpflaumen in etwas Zucker u. Rotwein garen, dann zu Mus hacken.
2 Eischnee
200g Zucker und
200g abgez. u. geriebene Mandeln
mischen, dann mit dem Eischnee vermengen.
Die Oblaten mit je 1 Teel. Pflaumenmus belegen, darüber rundherum die Makronenmasse verteilen.
10-15 Min. 180°
Gefriergeeignet!
Vor dem Servieren kurz aufbacken!
Pflaumenmus Seite 189

Schmalznüsse

250 g Schmalz
200 g Zucker
500 g Mehl
1 Ei
1/2 Pck. Backpulver

alles zusammen kneten, den Teig halbieren u. an die eine Hälfte 1-2 Eßl. Kakao kneten, weiße und braune Kugeln drehen und auf Backpapier backen.
15 Min. 175°

Mandelsplitter

80 g Mehl
100 g Butter
75 g Zucker
100 g abgezogene, gestiftelte Mandeln.
Auf Backpapier mit dem Teelöffel kleine Plätzchen setzen u. backen.
180° 10 Min.

Schuhsohlen

1 Becher saure Sahne
190g Butter
250g Mehl
} Knetteig kaltstellen,

42 Kugeln (so groß wie Marzipankartoffeln) formen, diese auf Zucker oval ausrollen u. 20 Min. 180° hellgelb backen. Zuckerseite nach oben!

42 Kugeln ergeben 21 gefüllte Kuchen

Füllung: Sahne mit Mandarinen oder mit Vanillecreme: S. 72

1/4 l Milch
3 Eigelb
20g Pudermehl
60g Zucker
Vanille
} auf kleiner Flamme unter Rühren aufkochen, dann

2 Blatt weiße Gelatine an die heiße Creme, an die erkaltete Creme 1 Eischnee. Köstlich!

Kremschnitte

Blätterteig selbst herstellen oder kaufen in 4×6 cm große Rechtecke schneid. u. 20 Min. 180° backen, dann mit Zuckerguß bepinseln, die Stücke quer halbieren u. füllen, siehe Vanillecreme S. 72
event. doppeltes Rezept nehmen.

Zuckerguß

200 g Puderzucker mit etwas Milch oder Wasser oder Zitronensaft glatt rühren. Nicht zu dünn, den Kuchen gleich nach dem Backen bepinseln, z. B. Kremeschnitte
Amerikaner S. 22
Marktkuchen S. 147
Eberswalder Spritzgebäck S. 187

Vanillekipfel

100g abgezogene, gerieb. Mandeln
200g Butter
2 Eigelb
70g Puderzucker
280g Mehl

Den Knetteig kaltstellen, dann ca 4cm bleistiftdicke Stangen formen u. zu Kipfel formen.
Auf Backpapier 15 Min. 175° backen
Nach dem Backen in 5 V.-Zucker wälzen.
Zarte Kuchen – aber lecker!

Schenke ein gutes Wort und
1000 gute Worte klingen dir zurück!

Elisenlebkuchen

5 Eier } 10 Min. schaumig
250g Zucker } rühren
60g Orangeat } feinhacken
60g Sukkade }
100g Mehl
450g gemahl. Haselnüsse
75g Honig
1 Messerspitze Hirschhornsalz in
1 Eßl. Wasser auflösen
30 Oblaten 7cm Ø oder kleiner

Den Rührteig 30 Min. ruhen lassen, dann auf die Obl. streichen u. mit Belegkirschen oder Mandeln verzieren 20 Min. 175° backen.
Die Kuchen können auch mit Schokolade überzogen werden. Damit die Kuchen in der Dose weich bleiben 1 Stck. Schwarzbrot mit hineinlegen.

Saure Sahne Ringe

250 g Mehl
175 g Butter
6 Eßl. saure Sahne

Den Knetteig einige Stunden ruhen lassen, dann ausrollen, nicht zu dünn, Ringe ausstechen (Weinprobierglas u. Fingerhut) mit Eigelb bestreichen, dann auf Hagelzucker legen.
180° ca 15 Min.

Marzipanmakronen

125 g Butter
125 g Puderzucker
2 Eigelb
125 g Marzipanmasse
250 g Mehl
2 Eischnee

Auf Backpapier backen.
Mit dem Spritzbeutel den Teig verarbeiten

15 Min 175°, danach halb mit Kuvertüre bestreichen

Wasserbutterkränze

250 g Mehl
250 g Butter
1/2 Tasse Wasser

} alles verkneten u. kaltstellen, dann den Teig dünn ausrollen oder 1cm breite Streifen schneiden u. Kringel formen oder Ringe ausstechen. Sterne zur Weihnachtszeit, die Kuchen mit flüssiger Butter bepinseln u. in Zimt und Zucker oder mit Mandelblättchen oder nur mit Zucker bestreuen. 15 Min. 180° auf Backpapier backen. Zu empfehlen!

Nobody is perfect!

Schokoladenkringel

125g Butter
3 Eier
200g Zucker
} schaumig rühren

100g Kakao
2 V.-Zucker
500g Mehl
1 Backpulver
4 Eßl. Milch
} hinzufügen u. aus dem Teig Kringel drehen

20 Min. 170° auf Backpapier
Mit Zuckerguß bepinseln.

Blätterteigstangen

1 Pckg. Tiefkühlblätterteig antauen u. in 1 cm breite Streifen schneiden, vorher mit Eigelb bestreichen, in Hagelzucker legen und die Stangen einmal drehen. In Kümmel oder Salz gelegt = Salzgebäck
15 Min. 180° backen! Knusprig!

Wespennester ca 60 Stück

250g ungeschälte Mandeln stifteln
250g Zucker
knapp ½ Tasse Wasser
alles zusammen im Kochtopf oder Pfanne bräunlich abbacken bis das Wasser verdampft ist, abkühlen lassen.
3-4 Eiweiß sehr steif schlagen, dann 250g Zucker und 1½ Eßl. Kakao dazu, dann die Mandelmasse dazu. Mit einem Teelöffel kleine Häufchen auf ein mit Dauer-Backfolie ausgelegtes Backblech setzen und 180° 20-25 Min. backen, nicht hinein-gucken, auf dem Blech abkühlen lassen.

Wenn Du denkst: Es geht nicht mehr,
kommt von irgendwo ein Lichtlein her!

Was ich nicht weiß,
muß ich abschreiben!

Zimtsterne

2 Eischnee
150g Geliezucker
250g ungeschälte, gem. Mandeln
1 Teel. Zimt

Vom Eischnee 3 Eßl. abnehmen, um die Sterne damit zu bestreichen. Den Teig 1 Std. ruhen lassen u. dann auf Folie 1 cm dick ausrollen, Sterne ausstechen und auf Backpapier legen, mit der abgenomm. Eiweißmasse bestreichen u. 150° 40 Min. backen.

Eiweiß-Zuckerguß

1 Eiweiß mit 1-2 Eßl. Zitronensaft steifschlagen, 100g Puderzucker hinzu u. die Creme auf den noch warmen Kuchen streichen, im Ofen trocknen lassen.

Schneeflocken

125g Butter
50g Puderzucker
1 V.-Zucker
125g Pudermehl
75g Mehl

Den Knetteig in kleine Kugeln formen, auf Backpapier setzen u. mit einer Gabel breit drücken
10-12 Min. 175° backen.

Nuß-Haferflockenplätzchen

125g Butter
190g Zucker
1 Ei
125g zarte Haferflocken
60g Mehl
75g gem. Nüsse
1 Teel. Backpulver

Kleine Häufchen auf Backpapier 15 Min. 180° abbacken.

Pfeffernüsse

125 g Honig } erwärmen und
50 g Zucker } schmelzen
250 g Mehl
1/2 Teel. Hirschhornsalz
1 Ei
1 1/2 Teel. Lebkuchengewürz
knapp 1/4 Teel. weiß. Pfeffer

Aus dem Knetteig Kugeln formen u. auf Backpapier 10 Min. 180° backen. Die abgekühlten Pfeffernüsse mit Zuckerguß bepinseln.

Kardamom ist ein Ingwergewächs auf Ceylon, Java u.s.w. Die Samen enthalten ein würzig riechend., ätherisches Öl und werden als Gewürz für Lebkuchen u. Spekulatius verwendet, auch Bestandteil von Curry.

Braune Pfeffernüsse

375g Butter
375g Zucker
250g hellen Sirup

aufkochen u. abkühlen lassen.

750g Mehl

1 Teel. Pottasche mit etwas lauwarmem Wasser auflösen, dann **nicht** auf das trockne Mehl geben, sondern zuletzt an den Teig rühren, sonst entstehen dunkle Flecke im Kuchen.

Sehr fein gemahl. Mandeln
Nelkengewürz

hinzufügen

Rollen formen, 1 Nacht ruhen lassen, dünne Plätzchen abschneiden 10 Min. 150°

Lecker schmecken br. Pfeffernüsse auf mit Butter bestrichenes Weißbrot in der Adventszeit.

Probieren lohnt sich!

Griebenplätzchen

150 g durchgedrehte Grieben
event. 1 Eßl. Schmalz
125 g Zucker
1 Ei, 1 Messerspitze Zimt
250 g Mehl

Aus dem Knetteig Kugeln formen, auf Backpapier flach drücken u. backen 15 Min. 180° hellgelb

100 Jahrkuchen

125 g cremige Butter
250 g Zucker
500 g Mehl
1 Hirschhornsalz
1 Glas Rosenwasser, Vanille
100 g gerieb. Mandeln

Den Knetteig ausrollen u. Streifen schneiden u. backen, dann schneiden.

Weiße Pfeffernüsse

125 g Butter, 2 Eier, 200g Zucker,
1 Ptg. Vanille, 16g Hirschhornsalz,
125g gehackte, geschälte Mandeln,
event. Sukkade, 1 Zitrone
500g Mehl
Rollen aus dem Teig formen, ruhen lassen, Plätzchen abschneiden.
10 min. 170° auf Backpapier abbacken.

Negerküsse

200g Butter
320g Puderzucker
200g geriebene Schokolade
250g Nüsse
2 Pck. Vanillezucker
Alles zusammenkneten. Über Nacht kühlstellen. Kleine Kugeln formen und bei 175° ca. 10 Min. backen.
Köstlich süß. ca 50 Stück

Kleine, weiße Pfeffernüsse

125g Butter
65g Schmalz
175g Zucker
1 Ei
800g Mehl
1/4 l Milch
Rosenwasser, Zitrone, Kardamom
15g Hirschhornsalz

Den Teig ausrollen u. 2cm breite Streifen schneiden, diese dann in Quadrate oder Rollen von 2cm Ø formen und 1cm dicke Scheiben abschneiden, backen.

Kleine Pfeffernüsse wurden zu Urgroßmutters Zeiten als „Spielgeld" z.B. beim Pochspiel gebraucht.

Kleine, braune Pfeffernüsse

125 g Sirup
125 g Zucker
50 g Butter
50 g Schmalz

} alles erwärmen und wieder abkühlen lassen.

1 kl. Teel. voll gemahl. Anis
1/2 Zitrone

500 g Mehl
7 g Hirschhornsalz

} mischen

wie kleine, weiße Pfeffernüsse backen.

Ticker, ein Spiel aus Urgroßmutters Zeit

Viele kleine Pfeffernüsse (heute nehme ich für meine Enkel Smarties) wurden auf dem Tisch verteilt. Ein Kind verließ den Raum, ein anderes „tickte" auf eine Pfeffernuß. Das Kind durfte nun wieder kommen u. durfte solange suchen u. die Pfeffernüsse behalten, bis die „betickte" Pfeffernuß gefunden war unter Hinweisen „heiß" u. „kalt" der anderen. Dann war das nächste Kind dran.

Kokosplätzchen

250g Butter
250g Zucker
2 Eier
250g Kokosflocken
250g Mehl
1 Backpulver
Aus dem Teig Kugeln formen und 15 Min. 180° backen.

Kokosmakronen

150g Kokosraspel
100g Marzipanmasse } mischen
1 Eßl. Zitronensaft
2 Eischnee
125g Puderzucker
Mit einem Teel. kleine Häufchen auf Backpapier setzen u. backen.
25-30 Min. 150°

Spitzbuben

100 g Butter
2 Eigelb
50 g Zucker
1 V.-Zucker
200 g Mehl
50 g gem. Nüsse

Den Knetteig kaltstellen u. ausrollen, Plätz=chen von 3 u. 5 cm Ø, gleiche Anzahl.

etwas Zitronensaft mit etwas Himbeerkonfitüre glattrühren
Auf Backpapier 10 Min. 180° backen.
Jeweils ein kleines u. ein großes Plätzchen mit Himbeerkonfitüre zusammensetzen u. mit Puderzucker bestäuben.

Das Wort, das Dir hilft,
kannst Du Dir selbst nicht sagen!

Waleskringel

v. Annamaria Henneberg

Den Teig einen Tag vorher herstellen:

125 g Butter
125 g Mehl
2 Teel. Essig Essenz
3 Eßl. Wasser

} Knetteig 1 Nacht kaltstellen,

dann ausrollen passend für ein Backblech. 6 Streifen von ca 6 cm Breite schneiden u. auf Backpapier legen. Die Streifen mit Brandteig im Spritzbeutel verzieren,

= Streifen

= Streifen mit Brandteig

30 Min. 180° nicht in den Ofen sehen.
250 g Puderzucker mit Zitrone dicklich ausrühren u. den Kuchen bepinseln. Streifen in quadr. Stücke schneiden u. am gleichen Tag essen. Lecker!

Brandteig für Waleskringel

1/4 l Wasser
125g Butter
125g Mehl

auf kleiner Flamme abbacken zu einem Kloß, dann vom Herd nehmen und nach und nach 3 ganze Eier unterrühren.

Brandteig

1/4 l Wasser
50g Butter
150g Mehl

wie oben zum Kloß abbacken, dann nach u. nach 4-6 Eier unterrühren bis der Teig schwer mit langen, breiten Zapfen vom Löffel fällt, dann 1 Teel. Backpulver an den kalten Teig. Geeignet für Windbeutel, Brandteigringe im Backofen auf Backpapier 20 Min. 180° backen.

So ist das Leben

Das große Glück, noch klein zu sein,
sieht mancher Mensch als Kind nicht ein
und möchte, daß er ungefähr
so sechzehn oder siebzehn wär!
Doch schon mit achtzehn denkt er „Halt"
wer über zwanzig ist, ist alt.
Kaum ist die Zwanzig dann geschafft,
erscheint die Dreißig grauenhaft,
und dann die Vierzig, welche Wende,
die Fünfzig gilt beinah als Ende.
Doch nach Fünfzig dann „oh, weh"
schraubt man das Ende in die Höh'.
Die Sechzig scheint noch ganz passabel,
doch die Siebzig miserabel.
Mit siebzig aber hofft man still,
ich werde achtzig, so Gott will.
Und wer die Achtzig überlebt,
zielsicher auf die Neunzig strebt.
Dort angelangt, zählt er geschwind,
die Leute, die noch älter sind.

Man lebt nicht nur,
um zu essen,
sondern, um gut zu essen!

Torten

Linzertorte

150 g Butter
110 g Zucker
2 Eigelb
150 g gerieb. Nüsse od. Mandeln
150 g Mehl
Saft 1/2 Zitrone
1/2 Teel. Zimt
Messerspitze Piment
Den Teig 1 Std. ruhen lassen, dann in einer mit B. P. ausgelegten Tortenform backen.
45 Min. 175°
Mit Sahne servieren.
Puderzucker zum Bestäuben.

Ungarische Torte

8 Eigelb
250g Zucker } schaumig rühren
1 Pr. Salz

250g gerieb. Haselnüsse
8 Eischnee
100g gerieb. Schokolade, halbbitter
alles sorgfältig untermischen, dann
3 Böden in einer gefetteten, panierten
Tortenform mit Rand backen.
15 Min. 180°

Füllung:
2 Becher Sahne
1 Eßl. Zucker } Torte füllen

100g Kuvertüre über die oberste Platte
pinseln
1 Becher Sahne zum Verzieren, d. h.
auf die erstarrte Kuvertüre einen
dicken Sahnekranz spritzen. Lecker!

Triestertorte

70 g Butter
7 Eigelb
125 g Zucker
125 g gerieb. Mandeln
125 g zartb. gerieb. Schokolade
1 Eßl. Rum u. 1 Eßl. Kognak
1 Eßl. Paniermehl]
1 Backpulver] mischen
7 Eischnee

Den Rührteig in einer mit Backpapier ausgelegten Tortenform 45 Min. 180° backen. Erkalten lassen und dick mit 2 Becher Schlagsahne bestreichen, hierauf Eierlikör träufeln u. mit einem Messer glattstreichen. Mit Sahnetupfern, halbierten Mandeln oder Schokoblättchen verzieren.

Köstliche Torte!

Prinz-Eugen-Torte

Prinz Eugen, ein österr. Feldherr und Staatsmann, nahm erfolgreich an der Schlacht am Kahlenberg 1683 teil. Wahrscheinlich hat er in Wien auch die Konditoreien erforscht, hier das Rezept seiner Lieblingstorte:
Das Rezept ähnelt d. Triester Torte statt 7 Eier 6, statt 125 g Mandeln und Schokolade 150 g u. zusätzlich 2 Eßl. Mehl.
Nach dem Erkalten der Torte das Innere so herausschneiden, daß ein 3 cm breiter Ring auf einem 2 cm dicken Boden stehen bleibt. Das Herausgeschnittene zerkrümeln u. im Backofen 15 Min. 70° trocknen.
Mit 3 Becher Sahne, 3 V.-Zucker, 50-100 g geriebene Schokolade die erkalteten Krümel mischen u. d. Torte füllen.
Sahne u. Schokotäfelchen zum Verzieren.

Rumtorte

von Hilke Hasselbring

6 Eigelb	Den Bisquit in
175 g Zucker	einer Tortenform
4 Eßl. Öl	30 Min. 160°
2 Eßl. Essig	backen, dann
2 V.-Zucker	nach dem Erkalten
125 g Mehl	2/3 des Bisquits
1 Teel. Backpulver	in Würfel
6 Eischnee	schneiden,
	1 Boden erhalten.

Die Bisquitwürfel werden mit folgender Creme gemischt u. auf den Tortenboden gestrichen (Tortenrand verwenden)
Wenn die Torte erstarrt ist, mit 200 g Kuvertüre überziehen, vorher den Tortenrand entfernen.
Die Torte sollte 1-2 Tage vorher gefüllt werden, um gut durchzuweichen.

Creme für die Rumtorte

1/4 l Milch
100 g Zucker
2 ganze Eier
30 g Butter
1 V.-Zucker

alles verrühren und auf kleiner Flamme unter Rühren aufkochen u. erkalten lassen, dann löffelweise an 200 g cremige Butter rühren, 6 Eßl. Rum vorsichtig an die Creme rühren.

Creme für Wienertorte, Schwarz-weiß Torte

1 Stg. Vanille
1/2 l Milch oder Wasser
aufkochen

6 Eigelb
125 g Zucker
1 Teel Mehl

schaumig rühren, dann unter Rühren die kochende Milch langsam dazugießen u. kurz aufkochen, Abgekühlt an 250 g Butter rühren.

Schokoladenbuttercreme

½ l Milch oder Wasser mit 60g Zucker
zum Kochen bringen.
1 Pck. Schokoladenpuddingpulver oder
für Vanillecreme Vanillepuddingp.
1 Tafel halbbitter Schokolade dazu
erkalten lassen, dann
250g Butter cremig rühren u.
die Schoko- oder Vanillecreme
löffelweise dazu geben.

Schokoladenglasur

125g Puderzucker
20g Kakao
3 Eßl. 54% Rum
} verrühren

25g heißes Kokosfett dazu geben u.
gleich über den Kuchen streichen.
oder
fertige Kuvertüre

Zitronencreme

7 Bl. weiße Gelatine einweichen
1/4 l heißes Wasser, Gelatine auflösen
4 Eigelb
150 g Zucker } schaumig rühren
Saft von 2 Zitronen
das heiße Wasser unterrühren
wenn die Creme Straßen zieht, dann
2 Becher geschlagene Sahne unter-
heben oder
1 Becher Sahne u. 4 Eischnee
auch als Nachspeise geeignet

Zitronensahne

3 Becher Schlagsahne
75 g Puderzucker
Saft von 3 Zitronen
1 1/2 Gläschen Orangenlikör
4 Blatt weiße Gelatine einweichen u. lösen

Füllung für Torten u. Bisquitrolle

Vanillecreme

1/2 l Milch
5 Eigelb
1/2 Stg. Vanille
40 g Pudermehl
120 g Zucker
} auf kleiner Flamme unter Rühren aufkochen, dann

3 1/2 Bl. weiße Gelatine (vorher einweichen) an die heiße Creme,
an die erkaltete Creme dann
2 Eischnee
geeignet für Kremschnitt, Bienenstich, Schuhsohen u.s.w.
oder statt Eischnee
250 g cremige Butter, löffelweise die Vanillecreme unterrühren
geeignet für Wienertorte, Schwarzweißtorte u.s.w.

Weincreme

1/4 l Wein Saft 1/2 Zitrone " von 2 Apfelsinen 4 Eigelb 3 Eßl. Zucker	auf kleiner Flamme (Automatik 1 bis 2) eine dickliche Creme schlagen.

6 Blatt weiße Gelatine einweichen u. an die heiße Masse geben.

1 Becher Sahne schlagen u. an die erkaltete Creme rühren.

Als Süßspeise servieren oder auf eine Bisquitrolle geben, etwas zurück behalten von der Creme, Bisquitrolle aufrollen u. in Stücke schneiden, eine Schüssel damit auslegen u. den Rest Creme in die Mitte füllen = Schnecken-torte.

Mandelkuchen mit Sahne

250g Mandeln mit Schale mahlen
250g geriebene Kartoffeln
125g Zucker mit den Zutaten verrühren, dann 5 Eigelb hinzu u. 5 Eischnee unterziehen. Den Teig in einer mit Backpapier ausgelegten Bisquitform, die mit 40g Mandelblättchen ausgestreut ist, backen bei 180° 60 Min.

Sahne dazu reichen oder füllen:
1/2 l Sahne
Saft von 2 Zitronen
1 Gläschen Orangenlikör
75g Puderzucker
event. 4 Blatt weiße Gelatine

Ändern kann sich niemand, bessern jeder!

Mandeltorte

10 Eigelb mit
250 g Zucker 10 Min. rühren
1 Zitronenschale
2 V.-Zucker
10 Eischnee vorsichtig unter-
heben
250 g abgezogene, gerieb. Mandeln
1 Handvoll Paniermehl mischen
und mit einer Gummizunge
unterheben
In einer mit Backpapier ausgelegten
Bisquitform backen.
30 Min. 180° 10 Min. 0°
Den Kuchen mit Puderzucker
pudern.
Kann mit Schlagsahne serviert
werden.

Wienertorte

Rezept: Apfelsinentorte
Vom Rührteig 6-7 Böden auf gut gefetteten Platten ohne Rand backen. 10-15 Min. 180°, sofort von der Platte lösen u. auf Pergamentpapier stürzen.

Füllung:
Auf den untersten Boden dünn Johannisbeergelee streichen, den nächsten Boden mit Buttercreme S. 72 u. so immer im Wechsel Gelee u. Buttercreme.

Die ganze Torte kann man mit 200g Marzipanrohmasse ummanteln, dann verzieren.

Die Torte schon immer einige Tage vorher füllen, gut durchziehen lassen. Tortenstücke von 1½ cm abschneiden!

Wienertorte als Weihnachtstorte

Torte backen und füllen u. mit Marzipan umhüllen. Eine Sternschablone aus Pappe schneiden im Ø der Torte. Den Stern auf das Marzipan legen und alles andere mit Kuvertüre bepinseln. Vorsichtig den Stern wieder abheben. Man kann jetzt die Torte be-schriften oder verzieren mit Buttercreme und Marzipan-resten, z. B. Kerzen daraus basteln.

Weihnachtstorte mit Äpfeln

von Mariechen Koch

5 Eischnee
4 Eßl. Wasser
150g Zucker
1 V.-Zucker
5 Eigelb
100g Mehl
50g Pudermehl
1 Teel. Backpulver
200 g gemah. Haselnüsse

Bisquit backen
40 Min. 180°
Den Bisquit zum Füllen 2x durchschneiden.

Füllung:
50 Rosinen in 3 Eßl. Rum einweichen
1 Dose Mandarinen
375g geraspelte Äpfel mit Zitrone beträufeln
6 Blatt weiße Gelatine in 3 Eßl. heißem Wasser auflösen
3 Becher Schlagsahne mit Puder-

zucker schlagen, alles zusammen mischen u. die Torte füllen.
1 Becher Sahne zum Verzieren
Mit 7 Tannenbäumchenschablone belegen, die man vorher durch Wasser zieht, so lassen sie sich besser von der Sahne wieder ab-nehmen, dann alles mit Kaba bestäuben, Tannenbäumchen vor-sichtig entfernen.

Weihnachtstorte

4 Eischnee
200g Zucker
4 Eigelb
1/8 l Sahne
2 Eßl. Rum
150g gerieb. Schokolade
150g " Mandeln
50g Mehl
50g Pudermehl
2 gestr. Teel. Backpulver

Den Teig in eine mit Backpapier ausgelegte Tortenform füllen und 60 Min. 180° backen. Noch warm mit einem Guß aus Puderzucker Rum und Kakao überziehen oder mit Kuvertüre u. mit kleinen Marzipansternen verzieren.

Stachelbeertorte

1 Bisquit backen und mit folg. Creme füllen: 125 g Butter, 125 g Zucker, 1 V-Zucker schaumig rühren, dann 2 Eigelb, 125 g gehackte Nüsse, 850 g gegarte Stachelbeeren, 1 Becher geschlagene Sahne
1 " " " zum Verzieren.

Zitronentorte

300 g Mehl, 150 g gem. Haselnüsse, 40 g Kakao 150 g Puderzucker, 200 g Butter, 1 Ei, alles verkneten, dann in 4 Portionen teilen, kalt stellen. 4 Böden ausrollen u. 3 Böden auf Backpapier abbacken. 1 Boden in 16 Tortensegmente schneiden und dann auf Backpapier auf einem Backblech abbacken.

Füllung: 6 Blatt weiße Gelatine einweichen
3/4 l Sahne steif schlagen, Saft von 3 Zitronen, 100 g Zucker u. das abger. 1 Zitroneschale dazu, dann die Gelatine. Die Segmente mit 1 Schwartau-fix dunkel bestreichen u. fächerartig auf die gefüllte Torte anordnen. Mandelblättchen.

Wurzeltorte, sehr saftig!

250g frische gerieb. Wurzeln
150g gerieb. Haselnüsse
150g " Mandeln
5 Eier getrennt, den Eischnee zuletzt unterheben
300g Zucker
1 Zitrone
75g Mehl
1 Teel. Backpulver

Den Teig in eine mit Backpapier ausgelegte Tortenform füllen u. backen 60 Min. 175°

Den heißen Kuchen mit Kuvertüre oder 200g Puderzucker
2 Eßl. Zitronensaft
1 Eßl. heißes Wasser
} verrühren

überziehen u. mit gerieb. Nüssen bestreuen. Schlagsahne dazu?

Zitronenkuchen

200g Mehl
1 Ei
1 Eigelb
125g Butter
1 Pr. Salz

Mürbeteig kneten, ruhen lassen, dann reichlich die Hälfte in eine Tortenform drücken mit 1.5cm hohem Rand.

Füllung:

150g gemahl. Mandeln
125g Zucker
Saft von 2 Zitronen
paar Tropfen Zitronenaroma

Den restl. Teig ausrollen u. als Deckel auf die Füllung legen.
Mit Dosenmilch bestreichen und 30g Mandelblättchen darüberstreuen.
40 Min. 180° backen.
Gut durchziehen lassen.
Gefriergeeignet.

Obst – Krümeltorte

500 g Mehl
1 Backpulver
250 g Zucker
1 Pr. Salz
150 g Fett
2 Eier

alles miteinander vermengen bis eine grobkrümelige Masse entsteht so wie Streusel. Die Hälfte der Streusel in eine nur am Boden gefettete Tortenform krümeln, etwas andrücken. Dann rohes oder gedünstetes Obst (500 - 750 g) darauf verteilen u. darauf den Rest Streusel

35 - 40 Min. 180°
5 - 10 Min. 0°

Vor dem Servieren mit Puderzucker bestäuben. Schlagsahne dazu?

Vielleicht gibt es schönere Zeiten,
aber diese ist die unsere!

Orangentorte von Doris

7 Eischnee
250 g Zucker } langsam dazu geben u.
2 Orangensaft } schlagen
7 Eigelb, 30 g Mehl, 80 g zerbröselte Löffelbisquit, 280 g geriebene, ungeschälte Mandeln.
Bisquitform mit Backpapier auslegen u. den Kuchen 40-50 Min. 180° backen.
1 Orangensaft über den heißen Kuchen verteilen. Sahne dazu reichen! Lecker u. saftig!

Mignon - Torte

400 g Mehl, 225 g Butter, 150 g Zucker, 1 Ei, 1 Pr. Salz.
Aus dem Mürbeteig 3-4 dünne Böden auf gefettetem Tortenboden backen. 15 Min. 180° ca pro Boden
80 g Zucker, 2 Eigelb, 1/8 l Zitronensaft, 2 Eßl. Wasser, Saft 1 Apfelsine, alles auf kleiner Flamme abschlagen.
Erkalten lassen, dann an 200 g cremige Butter rühren, etwas Zitronenschale dazu, Torte füllen.
300 g Puderzucker, 1 Eßl. Kakao u. 1 Eßl. Apfelsinensaft, alles kalt zusammenrühren, die Torte damit überziehen, gehackte Mandeln überstreuen.

Lübecker Marzipantorte

siehe Mürbeteig als Unterboden,
backen, dann
1 Bisquit oder Bisquittrolle backen
Den Mürbeteig mit Aprikosenmarmelade bestreichen.
Den Bisquit 1-2 x durchschneiden
u. mit Kognak beträufeln (nicht
für Kinder) und mit 3 Becher
Schlagsahne vermischt mit gehackt.
Walnüssen oder grobgeriebenen
Haselnüssen füllen.
200 g Marzipanrohmasse ausrollen
u. über die Torte legen u. mit
Nüssen und Sahnetupfern verzieren

oder als <u>Spiralentorte</u>
dafür eine Bisquitrolle S. 92
backen, diese dann in

4cm breite Streifen schneiden, vorher mit der Nußsahne oder Preiselbeersahne füllen. Die Streifen dann wie eine Spirale, in der Mitte des Mürbeteigbodens beginnend, aufstellen. Die Torte oben mit Sahne verstreichen, eine Marzipanplatte auflegen und verzieren.

Russische Quarktorte.

Knetteig: 250 g Mehl, 125g Butter, 100g Zucker, 1 Eßl. Kakao, 1 Ei, 1 Backpulver, krümeligen Teig herstellen u. mit der Hälfte des Teiges eine gefettete Springform belegen, Rand hochdrücken, dann folgende Quarkmasse darauf: 500g Quark, 125g Butter, 125g Zucker, 3 Eigelb, 1/2 Pckg. Vanillepuddingpulver, 1 V-Zucker, 3 Eßl. Zitronensaft u. 3 Eischnee. Den Rest des Knetteiges darüber krümeln.
180° 60 Min. backen

Schwarz-weiße Schichttorte

250 g cremige Butter

180 g Mehl
70 g Pudermehl
1/2 Backpulver
} gemischt an die Butter geben

4 Eier unterrühren

200 g Zucker

Den Rührteig halbieren, an die eine Hälfte 2 Eßl. Kakao rühren.

Von jedem Teig 3 Platten auf gut gefetteten Tortenformböden backen.

ca 10 Min. 170°

Nach dem Auskühlen die Böden im Wechsel mit Buttercreme S. 72 füllen, event. die Böden vorher mit Rum beträufeln.

Falls nur weiße Böden gebacken werden, kann die Torte mit Johannisbeergelee gefüllt werden.

Aleanentorte

Aleatorisch = vom Zufall abhängig, so ergeht es manchmal auch mit dieser Torte. Der Genuß bleibt aber trotzdem wunderbar!

1 Mürbeteigunterboden mit Rand backen, am besten in einer Bisquitform, 15 Min. 180°

750 g Backpflaumen ohne Stein in wenig Wasser garen, halbieren u. auf den geback. Mürbeteig verteilen

6 Eigelb
125 g Zucker
1/4 l Sahne

} kalt verrühren u. auf kleiner Flamme abschlagen.

1 Zitronensaft u. 6 Eischnee hinzufügen u. alles über d. Pflaumen gießen.

50 - 60 Min. 165° backen.

Die Torte vor dem Servieren mit Puderzucker bestäuben.

Schlagsahne dazu reichen.

Jeder hat ein Extra-Töpfchen auf dem Feuer!

Amadeustorte

250g Butter eine Sünde wert.

200g Zucker

5 Eier u. 1 Eiweiß von der Creme

150g Zartbitterschokolade schmelzen

1 V.-Zucker

100g Pudermehl

150g Mehl

2 gestr. Teel. Backpulver

6 dünne Böden auf Backpapier backen, auskühlen lassen, dann mit Orangenlikör oder Rum beträufeln u. mit Creme füllen: ½ l Milch mit 100g Zucker aufkochen, dann 45g Pudermehl u. 1 Eigelb mit etwas kalter Milch ausgerührt, an die kochende Milch. 150g Butter an die abgekühlte Creme, 3–4 Eßl. Orangenlikör dazu. Torte füllen u. auch oben bestreichen, dick mit Raspelschokolade u. ½ Trüffelkugeln verzieren.

Brauttorte von Annamaria

250 g Butter
320 g Mehl
250 g Zucker
2 Eier

aus dem Knetteig 5-6 Platten knusprig backen 10 Min. 175°, vorher jede Platte mit Zimtzucker und Mandelblättchen bestreuen.

Füllung:

1 l Sahne

1 Glas Kirschen abgetropft auf die untere Platte, zuerst Sahne aufstreichen, dann die Kirschen.
Auf die anderen Platten nur Sahne.
Erst kurz vorher füllen. Etwas Besonderes!

Goldene Zügel machen ein Pferd auch nicht besser!

Bisquit gelingt immer!

4 Eiweiß } sehr steif schlagen,
4 Eßl. Wasser } dann langsam
150 g Zucker hinzugeben
4 Eigelb "

80 g Mehl }
80 g Pudermehl } gesiebt an
2 Teel. Backpulver } den Teig

Eine Tortenform unten mit Backpapier auslegen, den Teig einfüllen und backen 35 Min. 170°

als Bisquitrolle auf eine mit Backpapier ausgelegte Platte backen 10 Min. 170°

für Schokoladenbisquit:
an den Bisquitteig 2 Eßl. Kakao geben

Ananastorte: Bisquit mit Sahne u. Ananas füllen.

Mürbeteig

150 g Butter	75 g Butter
65 g Zucker	30 g Zucker
2 Eigelb	1 Eigelb
200 g Mehl	100 g Mehl
1 V.-Zucker	als Unterboden für
1 Eßl. Rum kann	Bisquittorten geeignet

Geeignet für Tortenböden mit Obstbelag, Ananastörtchen: hierfür den Teig dünn ausrollen, mit einem Glas Kekse ausstechen u. backen 15 Min. 175°
Plätzchen mit Schlagsahne bestreichen, einen Ananasring (even. quer halbieren) darauflegen, mit Sahnetupfer verzieren. Erfrischend und dekorativ.

Die einzige Sache, die wichtig ist, ist das tägliche Leben.

Apfelsinentorte von Gertrud Kropp

375 g Butter
250 g Mehl
125 g Pudermehl
3/4 Backpulver
} cremig rühren

6 ganze Eier
300 g Zucker
} hinzufügen u. dann vom Teig

8 Böden backen, Platten gut fetten.
Alle Böden nach dem Backen mit 2 Schwartau-fix dunkel Kuvertüre bestreichen und mit Creme füllen:
12 Blatt Gelatine einweichen u. im erhitzten Saft von 1 Zitrone u. 5 Apfelsinen lösen.
100 g Zucker u. 1 V.-Zucker hinzufügen.
4 Becher Schlagsahne unterheben, wenn die Masse Straßen zieht.
Mit Clementinen u. Sahne verzieren, z. B. Sahneschillerlocken  oder mit Sahne und Schokoraspel. First class!

Lieblingstorte meiner Mutter.

Radetzki-Torte

1 Bisquit backen u. 2x durchschneiden.

Füllung:

200 g Zucker fast karamellisieren, bevor 200 g grobgeriebene Haselnüsse in die Pfanne gegeben werden. Auf Backpapier erkalten lassen, dann die Masse feiner mahlen und durchsieben (Durchschlag) die gröberen Stücke als Krokant als Verzierung. Das feine Haselnußmehl kommt an die Creme: 4 ganze Eier mit 100 g Puderzucker auf kleiner Flamme abschlagen, wieder kalt schlagen u. an 200 g cremige Butter löffelweise dazu wie auch das Nußmehl.

Die Torte damit füllen u. auch außen herum bestreichen, dann außen u. oben mit Krokant bestreuen.

Hört sich kompliziert an, ist es aber nicht. Delikat.

Schwarzwälderkirschtorte

1 Mürbeteigunterboden für Bisquit backen.
1 Schokoladenbisquit backen.
Den Mürbeteig mit Aprikosenmarmelade bestreichen, dann etwas Schlagsahne darauf. Den Bisquit durchschneiden, eine Platte auf den Mürbeteig legen u. mit Kirschwasser oder Rum beträufeln darauf 1 Becher Schlagsahne, auf die Sahne einen Ring aus Sauerkirschen legen, event. noch etwas Sahne.
Die andere Hälfte des Bisquits auflegen, beträufeln mit Kirschwasser. Die ganze Torte mit Sahne bestreichen und dick mit Raspelschokolade bestreuen.
Sahnetupfer u. Kirschen zum Verzieren.

1 l Schlagsahne, 1 Glas Kirschen
Kirschwasser, Raspelschokolade

Umdrehtorte

1 Mürbeteig mit Rand erst mit der Füllung backen.

Füllung:

200 g gem. Haselnüsse
175 g Butter
125 g Zucker
Schuß Milch

aufkochen, abkühlen lassen, dann auf den ungebackenen Mürbeteig streichen.

60 Min. 100° backen, abkühlen lassen, stürzen und den Mürbeteig mit 1 Schwartau-fix Kuvertüre bestreichen, in Tortenstücke schneiden u. dann jedes 2. Stück umdrehen. (helle und dunkle Tortenstücke)

Sahne dazu reichen.

Gut durchziehen lassen!

Dachsteintorte

5 Eiweiß
150g Zucker } steifschlagen
100 g geröstete und geriebene Haselnüsse mit
1 Teel. lösl. Kaffeepulver mischen u. an
die Eischneemasse geben, auf Back-
papier 3 Böden Ø 22 cm in einer
Tortenform backen. 20 Min. 170°

Füllung:
5 Eigelb
130g Zucker
1-2 Eßl. Milch } auf dem Herd abschlagen, wieder kaltschlagen, dann
250g cremige Butter unterrühren, mit
starkem Kaffee abschmecken
Torte füllen, auch oberhalb mit Creme
bestreichen u. mit gerösteten Mandel-
blättchen bestreuen.
Lecker!

Fürst-Pückler-Torte

von Hilde

1 Bisquitteig teilen, an die eine Hälfte 2 Eßl. Kakao rühren, dann 1 hellen u. 1 dunklen Bisquit backen. 10 Min. 175°

Füllung: weißer Bisquit mit roter Sahne (1 Becher S. 1 Bl. rote Gelatine) u. Kirschen füllen, darauf 1 Becher Sahne mit gehackten Mandeln, dann der dunkle Bisquit mit 1 Becher und Kakao, über die ganze Torte 250 g Marzipan-masse, zwischen Folie zur Platte aus-gerollt, legen. Diese Platte mit Konfi-türe (1 Schwartaufix) bestreichen u. mit Sahnetupfer verzieren.

Event. die Sahne mit je 1 Blatt Gelatine festigen.

Rhabarbertorte

150 g Margarine
150 g Zucker, 1 V-Zucker
2 ganze Eier
1 Eigelb
150 g Mehl
75 g Pudermehl
1 1/2 Teel. Backpulver
Den Rührteig in eine Bisquitform streichen, darauf
600 g rohen Rhabarber in Stücke
40 Min. 175° backen, darauf
3 Eischnee, 1 Prise Salz und
175 g Zucker, 1 Eßl. Zitronensaft.
30 Min. 170° backen.

Freue Dich Deines Lebens,
es ist schon später als Du denkst!

Reistorte

1 l Milch
250 g Reis } garkochen, dann
125 g Zucker 7 Eigelb unterrühren u.
200 g Butter unterrühren
250 g Rosinen 1 Nacht in Rum quellen
7 Eischnee sehr steif hinzu
3-4 Eßl. Mehl zum Reis,
Saft von 2 Zitronen
in der Bisquitform ca 60 Min. 170° backen.

Rumtorte von Ellen Mühl

1 Bisquit backen, halbieren u. füllen:
250 g cremige Butter mit 5 Eigelb u.
250 g Puderzucker schaumig rühren,
8-12 Eßl. Rum dazu, 125 g gehackte
Mandeln. Die Hälfte der Creme auf den Boden
streichen, dann 1 Pckg. ca 12 Löffelbisquit darauf
legen u. event. mit Wein beträufeln, Rest Creme u.
Bisquit darauf. 3-4 Tg. stehen lassen, dann mit
2 Becher Sahne bestreichen u. verzieren.

Apfeltorte

125g Butter
125g Zucker
3 Eier
4 Tropfen Zitronenaroma
1 Pr. Salz
1–4 Eßl. Milch
200g Mehl
2 Teel. Backpulver

Den Rührteig in eine gefettete Tortenform füllen und mit Äpfelvierteln, die mit einer Gabel eingeritzt werden, dicht belegen. Zimtzucker und Mandelblättchen zum Bestreuen. Statt Äpfel können auch Kirschen genommen werden.
45 Min. 180° backen.
1 kg mittelgroße, säuerliche Äpfel

Cointreau-Torte

Cointreau = franz. Orangenlikör
150g Butter wenig rühren, dann
4 Eier und 150g Zucker dazu,
1 V.-Zucker u. 200g gemahlene
Haselnüsse mit 1 Eßl. Kakao
u. 2 Teel. Backpulver gemischt
unterrühren u. in einer mit Back-
papier ausgelegten Springform
30 Min. 180° backen.
Füllen mit 1 Dose Aprikosen
dann 3 Becher Sahne schlagen
u. 4-5 Eßl. Orangenlikör u.
2 V.-Zucker unterschlagen u.
auf die Aprikosen geben. Sahne
zum Bestreichen u. Verzieren
zurücklassen. Event. mit
Aprickosenmarmelade verzieren.

Gedeckte Apfeltorte

von Annamaria Henneberg

1 1/2 kg säuerliche Äpfel schälen, feinschneiden u. mit etwas Wein, Zitronensaft und Zucker dünsten. 1 Nacht abtropfen lassen oder die Äpfel mit Zitrone mariniert roh auf den Mürbeteig geben.

160g Butter 80g Zucker 1 Ei 250g Mehl 1 Teel. Backpulver	Mürbeteig 1 Nacht ruhen lassen.

Die Hälfte des Teiges in eine Tortenform kneten. Auf den Teig eine Folie legen u. so den Teig in die Form drücken mit Rand. Folie entfernen, Hände bleiben sauber. Auch mit dem anderen Teig so verfahren, die Platte kurz in den

Gefrierschrank legen mit der Folie, diese läßt sich gut abziehen, wenn die Teigplatte auf das Obst gelegt wird. Bevor das Obst auf den Mürbeboden gelegt wird, streue ich eine kleine Hand Paniermehl (Obstsaft) hinein, dann die Äpfel, den gefrorenen Mürbeboden darauf. Der Deckel wird mit flüssiger Butter bestrichen, Zimtzucker und Mandelblättchen zum Bestreuen.
60 Min. 175° backen.
Vor dem Servieren mit Puderzucker bestäuben, Sahne dazu reichen.
Noch etwas warm, schmeckt die Torte ausgezeichnet.

Der Spiegel wird immer schlechter,
je älter man wird!

Nußtorte

7 Eiweiß]
5 Eßl. Wasser] steifschlagen

7 Eigelb
250 g Zucker
250 g grobgemahl. Nüsse
100 g Mehl
1 Teel. Backpulver

Den Teig in einer mit Backpapier ausgelegten Tortenform backen.
45 Min. 180°

Gleich nach dem Backen die Torte zum Auskühlen auf ein Rost stürzen.
2-3 x durchschneiden und mit 1 l Schlagsahne füllen und verzieren.

Ein Zungenbrecher?
Konstantinopolitanischer
Dudelsackpfeifenmachergeselle!

Nußblättertorte

200 g Butter
180 g Zucker
2 Eigelb
180 g geriebene Haselnüsse
280 g Mehl u. 1 Teel. Backpulver
Aus dem Mürbeteig 4 dünne Tortenböden auf Backpapier backen.
15 Min. 180°
Mit Schlagsahne füllen u. verzieren
4 Becher Sahne. Knusprige Torte!

Obsttortenboden

4 ganze Eier — von Luise Mann
125 g Zucker
100 g Mehl u. ½ Pckg. Backpulver
9 Eßl. Öl
30 Min. 175°, Form einfetten! Locker!

Wer an den Kern will, der muß die Nuß knacken!

Eistorte

3 Eiweiß schlagen
250g Zucker
250g abge. gerieb. Mandeln
Auf Backpapier in einer Tortenform
2 Böden backen 30 Min. 150°

Füllung:
10 Eigelb
125g Zucker
5 V.-Zucker
} schaumig rühren

3/4 Tasse 40% Rum langsam dazu
3 Eischnee (7 für Eiweißtorte S. 161)
2 Becher Schlagsahne, unterheben.
Der eine Baiserboden bleibt in der Tortenform, dann die Eismasse darauf u. mit dem 2. Boden abdecken, in den Gefrierschrank stellen.
Verzieren mit Sahne.
oder mit Mokkaeis die Torte füllen.

4 Eigelb
100 g Zucker
4 Teel. Nescafe
4 Eischnee
2 Becher Sahne
Mokkabohnen zum Verzieren

Eistorte

8 Eigelb mit 1 Eßl. Rum und 125 g
Zucker u. 4 V.-Zucker schaumigrühren
8 Eiweiß mit 1 Pr. Salz sehr steif schlagen
4 Becher Schlagsahne, 4 Sahnesteif?
alles vermischen und
100 g zerbröckelte Blockschokolade
200 g Sauerkirschen oder
200 g Makrönchen oder Baiser
untermengen. In einer Tortenform
gefrieren lassen u. dann mit
200 g Kuvertüre überziehen. Verzieren!

Schwarzbrottorte

von Elisabeth Kleingarn

9 Eigelb
100 g geriebene Nüsse
100 g getrocknetes, gerieb. Schwarzbrot
etwas Backpulver
2 Eßl. Kakao
200 g Zucker
9 Eischnee

In einer mit Backpapier ausgelegten Bisquitform 40 Min. 180° backen.
4 Becher Sahne zum Füllen und Verzieren. Delikat!

Was Dein Feind nicht wissen soll, das sage Deinem Freunde nicht!

Mokkatorte

1 Bisquit backen und 2 x durch-
schneiden, mit Rum beträufeln.
Mokkabuttercreme zum Füllen.
1/2 l Wasser
1 Pck. Vanillepuddingpulver
3 Teel. Pulverkaffee, Zucker
Pudding kochen, abkühlen,
dann löffelweise an
250 g cremige Butter rühren.
Mokkabohnen zum Verzieren.
oder
1/2 l Schlagsahne
4 Teel. Pulverkaffee in heißem Wasser
auflösen, ebenfalls 3 Bl. weiße Gelatine
2 V.-Zucker u. Zucker nach Geschmack.
Raspelschokolade u. Mokkabohnen
zum Verzieren.

Himbeertorte

von Lieselotte Gramm

125 g Butter 125 g Zucker 1 V.-Zucker 150 g Mehl 2 Teel. Backpulver 3 Eßl. Dosenmilch 4 Eigelb	Rührteig herstellen und 2 Böden in einer mit Backpapier ausgelegten Torten-form backen 15 Min. 180°,

dann 4 Eiweiß schlagen
250 g Zucker hinzufügen u. diese Baisermasse auf die gebackenen Böden verteilen, mit
100 g Mandelblättchen bestreuen und 15-20 Min. 170° backen.
Diese beiden Böden gefüllt mit Zitronensahne S. 71 u. 113 ergibt die Zitronentorte oder Amerikanische Torte, köstlich

für die Himbeertorte
1 Bisquit backen und halbieren
(ergibt 2 Torten, gefriergeeignet
ungefüllt)
Den Bisquitboden mit 2 Becher
Sahne und Himbeeren oder anderen
Früchten füllen, dann einen
Baiserboden darauf legen, fertig!
Der 2. Baiserboden läßt sich gut
einfrieren, sodaß man schnell
eine Torte fertig machen kann.
Schnell und lecker.

Zitronensahne

3 Becher geschlagene Sahne
75 g Puderzucker
Saft von 3 Zitronen
1½ Gläschen Orangenlikör
4 Blatt weiße Gelatine

Herrentorte

1 Bisquit backen, 2x durchschneiden und die Böden mit Rum oder Orangenlikör beträufeln (nicht für Kinder alkoholisieren), dann mit der am Vortag gekochten Schokosahne füllen und verzieren.

100g Vollmilchschokolade
50g bittere Schokolade
3 Becher Sahne
alles unter Rühren aufkochen u. eine Nacht in den Kühlschrank stellen, dann schlagen.

Herrentorte aus der Heide

100g Butter
100g Zucker, 3 Eigelb, 60g Kaba
125 g gemahl. Haselnüsse
1 Teel. Backp. 3 Eischnee mit

der Gummizunge unterheben.
In einer mit Backpapier ausgelegt.
Tortenform 30 Min. 180° backen.
2 Becher Sahne
1 Glas Preiselbeeren oder Brombeeren

Himmelstorte

375 g Butter
250 g Zucker
7 Eigelb, 1 Pr. Salz
375 g Mehl, 2 gestr. Teel. Backpulver
5 Böden von dem Teig backen, die vorher mit Baisermasse bestrichen werden:
4 Eischnee, 2 Eßl. Zucker, 1 Teel. Zimt
150 g Mandelblättchen zum Bestreuen.
25 Min. 170°
Die Torte mit 4 Becher Sahne füllen. Vorzüglich! Himmlisch!

Kirschtorte

1 Mürbeteig backen mit Rand
auf den erkalteten Mürbeteig
1 Glas schwarze Kirschen, gut abgetropft,
verteilen und mit folgend. Creme be-
streichen:

1 Becher saure Sahne
4 Eigelb
Zucker u. 2 V.-Zucker
} auf kleiner Flamme abschlagen,

bis die Masse dicklich wird,
dann die Torte noch 5 Min. über-
backen.

Kaum hat mal einer bissel was,
gleich gibt es welche, die ärgert das!

Kirschschnitte

Blätterteig od. Tiefkühlblätterteig
20 min 180° backen
Die Stücke quer halbieren u. füllen
2 Becher Sahne
3 Bl. weiße Gelatine
1 Likörglas Kirschwasser od. Rum
einige Tropfen Bittermandelöl
1 Glas abgetropfte Kirschen
unter die Sahne mischen.
Die gefüllten Schnitten mit
Staubzucker überpudern.

Arbeit macht Spaß,
aber wer kann schon Spaß vertragen?

Quarktorte mit Äpfeln

1 Bisquit backen und 1–2 x durch-
schneiden, je nach Höhe.
Füllung:
1 kg säuerliche Äpfel schälen und in
dünne Scheiben schneiden
100 g Zucker, 1 Zitronensaft hinzu u.
fast gar dünsten, 50 g Rosinen,
2 Teel. Stärkepuder mit Orangenlikör
ausrühren u. die Äpfel andicken.
Abgekühlt auf den unteren Bisquit-
boden geben, darauf die Quarksahne:
200 g Sahnequark, Saft 1 Zitrone, Pr. Salz,
3 Eigelb, 80 g Puderzucker, gut verrühren.
6 Bl. weiße Gelatine hinein
1 Becher geschlag. Sahne unterheben
Tortenring um die Torte spannen.
Quarkcreme einfüllen, 2. Bisquit-
boden auflegen, mit Puderzucker bestäub.

Quarktorte klassisch

1 Mürbeteig mit Rand in einer
Tortenform backen, dann füllen:
100 g Butter cremig rühren, dann

200 g Zucker
2 Eigelb } hinzufügen

50 g Pudermehl
100 g Rosinen
750 g Quark
1/8 l Sahne } untermischen

2 Eischnee zuletzt unterheben
Mit der Füllung noch mal
ca 45 Min. 170° backen.
Mit Staubzucker überpudern.

Do wat Du wullt,
de Lüd snakt doch!

Quarktorte von Anke

100 g Butter 100 g Zucker 2 Eier 100 g Mehl 1 Teel. Backpulver	aus dem Rührteig 2 Böden in einer Tortenform backen.

Füllung:

1/2 l Milch 1 Puddingpulver Zucker	Pudding kochen, abkühlen lassen

500 g Quark
2-3 Zitronensaft n. Geschmack
2 ganze Eier
2 V.-Zucker

alles zusammenrühren
12 Bl. weiße Gelatine im Saft von 1 Dose Mandarinen auflösen.
Die Mandarinen auf einen Kuchenboden verteilen (Tortenring) darüber

die mit Gelatine angedickte Creme = Quarkmasse, Pudding, Mandarinensaft u. 2 Becher Schlagsahne. Den 2. Boden auflegen, mit Puderzucker bestäuben u. mit Sahnetupfern und Mandarinen verzieren.

Eine erfrischende Torte!

Im Sommer in der Ostsee zu spielen:
Ich zähle bis zehn, die Mühle bleibt steh'n (stehenbleiben) ich zähle bis 100, die Mühle geht unter (alle setzen sich in die erfrischende Ostsee) ich zähle bis 1000, die Mühle geht sausend. (alle springen spritzend im Kreis umher)

Philadelphia-Torte

200g Löffelbisquit zerbröseln, mit 100g Butter verkneten u. diesen Teig in eine geölte Tortenform kneten

200g Philadelphia-Käse
Saft von 2 Zitronen
3 Eßl. Zucker
} cremig rühren.

1 Pck. Götterspeise Zitrone
2 Tassen Wasser
3 Eßl. Zucker
} aufkochen, Götterspeise dazu u. abkühlen lassen.

1 Becher Sahne schlagen und alles zusammenrühren u. auf den Tortenboden geben. Kalt stellen!

Schnelle Torte!

Kartoffeltorte

375 g Pellkartoffeln gerieben
300 g Zucker
1 V.-Zucker
1 Pr. Salz
4 Eigelb, zuletzt die
4 Eischnee vorsichtig unterheben
150 g Grieß
1 Pr. Backpulver
100 g gerieb. Haselnüsse
Den Teig in einer mit Backpapier ausgelegten Tortenform 50 Min. 175° backen 10 Min. 0°
Die Torte mit Sahne füllen u. mit 200 g Kuvertüre bepinseln.
Gehackte Mandeln über die Torte streuen.

Popcorn

1 Eßl. Öl
50g Popcornmais aus dem Reformhaus

Öl in einem weiten Topf erhitzen, Mais zugeben und den Deckel auflegen. Wichtig! Sonst springen die Maiskörner durch die ganze Küche. Hitze verringern, den Topf ab und zu schütteln, damit fast alle Körner aufgehen. Wenn es im Topf nicht mehr knallt, vom Herd nehmen und mit 1-2 Eßl. Puderzucker bestäuben!

Als kleine Einlage am Kindergeburtstag mit den Kindern backen, u. anschließend aufknabbern.

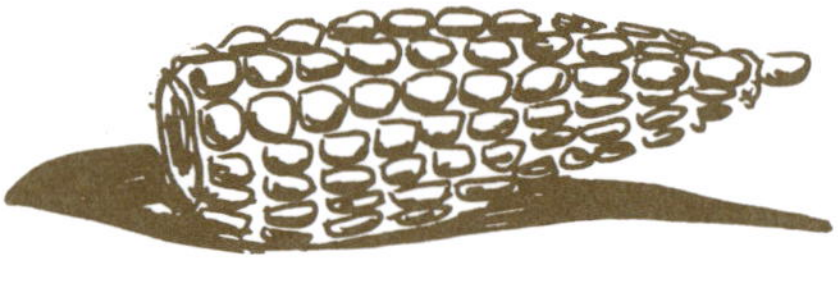

Plattenkuchen

Lebe glücklich, lebe froh
wie der König Salomo (965-926 v. Chr.)
der auf seinem Stuhle saß
und ein Stückchen Kuchen aß,
Lebe glücklich, werde alt
bis die Welt in Stücke knallt.

Bienenstich

auch Becherkuchen.

1 Becher süße Sahne, Sahnebecher =
1 Becher Zucker knapp Meßbecher.
2 Becher Mehl
1 Backpulver
4 ganze Eier
1 Zitrone
1 Pr. Salz
1 V-Zucker

alle Zutaten in eine Schüssel geben, verrühren und auf ein gefettetes Backblech gießen. 10 Min. 180° backen, dann folgenden Belag darauf verteilen:

125 g cremige Butter
1 Becher Zucker, 1 V-Zucker
4 Eßl. Milch,
200 g Mandelblättchen oder Kokosraspel
10 Min. 180° backen.

Belag auch für Hefeteig geeignet.

Bienenstich in der Tortenform

75g Butter, 75g Zucker, 1 Ei, 200g Mehl
2 Teel. Backpulver, 1 Pr. Salz, 5 Eßl. Milch
Den Rührteig verteilt man auf eine gefettete Tortenform u. gibt folgend. Belag darauf:
75g Butter im Stieltopf schmelzen, fügt 100g Zucker, 1 Eßl. Milch und 100g Mandelblättchen hinzu u. läßt alles aufkochen, abgekühlt auf den Tortenboden,
backen ca 35 Min. 180°
Füllung: 1/4 l Milch kochen u. mit 1 Pckg. Vanille-Soßenpulver andicken, 30g Zucker, Creme erkalten lassen u. dann löffelweise an 100g cremige Butter rühren.

Blitzkuchen

250g Butter
250g Zucker
375g Mehl
4 Eigelb
2 Eischnee oder ungeschlagen

Den Teig auf ein gefettetes Blech streichen, mit Zimt u. Zucker und gehackten Mandeln bestreuen.
20 Min. 180° backen.
Den warmen Kuchen in Quadrate und Dreiecke schneiden. In einer Kuchendose aufbewahren.

So komme, was da kommen mag!
Solang Du lebest, ist es Tag.

Pflaumenkuchen

250 g Butter
250 g Zucker
3 ganze Eier
1/4 l Milch
500 g Mehl
1 Backpulver
etwas Paniermehl
Pflaumen oder Kirschen als Belag

Backzeit:
30-35 Min. 180°

Den Teig auf ein gefettetes Blech streichen, etwas Paniermehl darüber streuen (fängt den Obstsaft auf), dann die entsteinten Früchte darauf verteilen u. mit Geliersucker bestreuen. (Saft geliert) oder mit Butterstreusel:

200 g Butter schmelzen
200 g Zucker
350 g Mehl
50 g gehackte Mandeln oder Kokosraspl.

alles krümelig verarbeiten.

Donauwellen

350g Butter }
7 Eier } verrühren
250g Zucker }
250g Mehl } gemischt hinzu,
1 Backpulver } dann den Teig teilen.
3 Eßl. Kakao }
3 Eßl. Milch } an die eine Hälfte, die
helle Teigmasse auf ein gefettetes Blech
streichen, darauf den dunklen u.
1 Glas abgetropfte Kirschen obenauf.
35 Min. 180° backen. Abkühlen!
Creme darauf streichen:
1 Pck. Vanillepuddingpulver
½ l Milch oder Wasser (wird nicht sauer)
30g Zucker
Pudding kochen, abkühlen lassen
100g Butter u. 1 Eßl. Puderzucker
cremig rühren, dann löffelweise

den Pudding hinzufügen. Buttercreme auf den Kuchen streichen. 2 Pck. Kuvertüre schmelzen und vorsichtig über die Creme verteilen, am besten mit einem Teigschaber. Den Kuchen in Rechtecke oder Quadrate schneiden. Schlagsahne dazu reichen!?
Anmerkung: Für die Buttercreme nehme ich die doppelte Menge = 1 l Milch – 250 g Butter.

Knuspriger Kaffeekuchen

50 g Butter, 80 g Zucker, Prise Salz, 1 Prise Zimt,
200 g Mehl, 2 gestr. Teel. Backpulver,
1/8 l Pfirsichsaft, Rührteig herstellen.
1 Dose Pfirsiche oder anderes Obst in Stücke schneiden und unter den Teig heben.
In eine gefettete Springform füllen und folgenden Belag darüber geben.
50 g Butter, 150 g Zucker, 50 g Cornflakes etwas zerdrücken. Backen 40 Min. 180°

Lebkuchenhaus

1 kg Sirup
250 g Zucker
125 g Schmalz
} aufkochen u. erkalten lassen.

1,5 kg Mehl
1½ Teel. Honigkuchengewürz
½ Teel. Hirschhornsalz
2 Eßl. lauwarmes Wasser
} auflösen

Alles mischen u. auf 3 gefetteten Backblechen verteilen u. backen. Die Dachteile auf zusammenhängende Pappe kleben, rutscht sonst ab.

1. Blech für Dachteile 20×30 cm
2. Blech f. Boden u. Seitenteile 9×20 cm
3. Blech f. Giebel 9×18×23 cm.

Reste für Zäune u. Tannenbäume, Schornstein.

Zeichnung auf der anderen Seite:

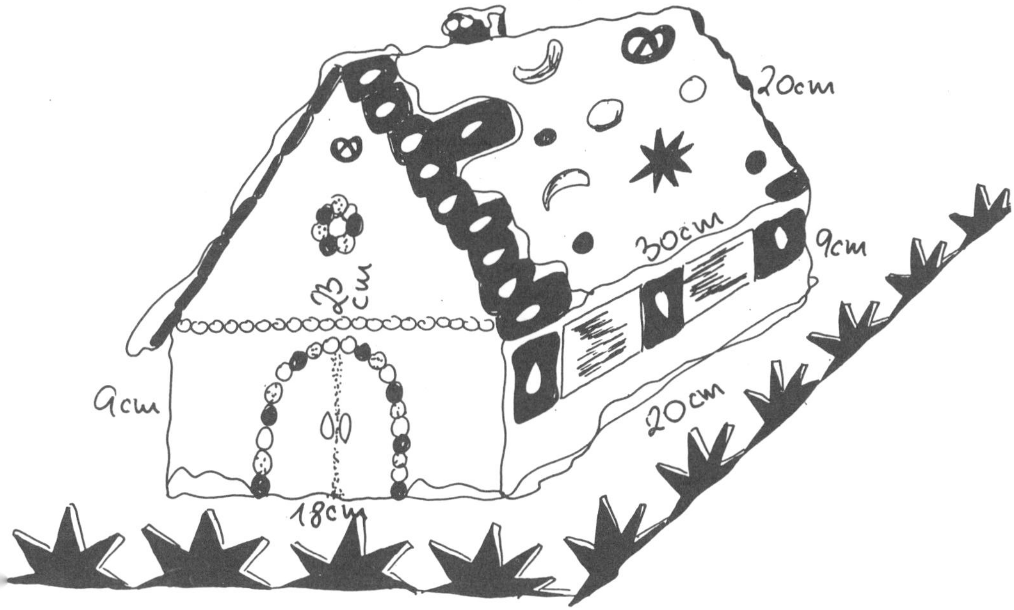

Mit Eiweiß-Zuckerguß alles zusammen-bauen, beklebt alle Teile mit Zucker-werk u.s.w. u. bestäubt alles dick mit Puderzucker.

Prasselkuchen

1 Pck. Tiefkühl-Blätterteig 300g = 10 Stck.
2 Teel. Aprikosenmarmelade mit
2 Eßl. Kognak verrühren u. die Stck.
damit bestreichen u. mit Streusel

125 g Zucker
125 g Butter } leicht zusammen
220 g Mehl } kneten

bestreuen, dann mit
60 g Mandelblättchen überstreuen.
20 Min. 180° backen.
Schlagsahne dazu reichen.

Kum rin un snak di ut,
ga rut un hol din Snut!

Neuer Teekuchen

250 g Butter oder 125 g Butter
8 ganze Eier " 4 Eier
250 g Zucker " 125 g Zucker
500 g Mehl " 250 g Mehl
1 Backpulver " 1/2 Backpulver
160 g gewaschene Rosinen od. Korinthen
Den Rührteig auf ein gefettetes Blech streichen u. dick mit Zimtzucker bestreuen. 30 Min. 180°

Kokosplattenkuchen

2 Tassen Buttermilch
2 " Zucker, 1 V-Zucker
3 ganze Eier
4 Tassen Mehl
1 1/2 Backpulver
1 Tasse Zucker mit 2 Tassen Kokos mischen u. über den Teig streuen. 30-40 Min. 180°
dann über den heißen Kuchen 2 Becher flüssige Sahne gleichmäßig verteilen.

Zitronenkuchen

4 ganze Eier
150g Butter
100g Zucker
200g Mehl
knapp 1 Backpulver
Den Teig auf ein gefettetes Blech
streichen u. 20 Min. 170° backen.
Noch heiß mit dieser Flüssigkeit
tränken:
Saft von 3 Apfelsinen
Saft von 2 Zitronen } verrühren
250g Puderzucker
Ein erfrischendes Gebäck!

Zitronenschnitte

aus Niedersachsen

150g Butter
100g Zucker
4 Eier
200g Mehl
knapp 1 Backpulver
backen wie Zitronenkuchen

Creme:
½ l Wasser
1 Vanillepuddingpulver
2 Eigelb
2 Zitronensäfte
Zucker nach Geschmack

Creme auf den gebeck. Kuchen streichen, darüber 1 Becher geschlagene Sahne, dann dicht an dicht mit Leibniz Keks belegen u. mit Zuckerguß bestreichen, dann portionieren.
Erfrischend!

Nußblechkuchen

175 g Fett
250 g Zucker
4 ganze Eier
300 g gerieb. Nüsse
1/8 l Milch
350 g Mehl
1 Backpulver
2 Eßl. Rum

Den Rührteig auf ein gefettetes Blech streichen und 20 min. 180° backen dann mit 250 g Puderzucker 2-3 Eßl. Milch 1-2 Teel. Pulverkaffee bestreichen und in Stücke schneiden.

Die Arbeit hält drei Übel von uns fern: Langeweile, Laster und Hunger!

Nußschnitte

1 Bisquitrolle, nicht aufrollen, in 2 Hälften teilen, die eine Hälfte mit Nußkrokantcreme bestreichen,
Rezept auf Seite 95
die andere Hälfte darauflegen u. auch mit Creme dünn bestreichen. 3 gleichbreite Streifen schneiden u. diese mit 200g Marzipanrohmasse ummanteln, von 3 Seiten. Die Streifen mit pro Schnittchen einem Tupfer Buttercreme verzieren u. Krokantkrümel bestreuen. Gefriergeeignet. Spitze!

Irren mag menschlich sein,
aber zweifeln ist menschlicher!

Schokoladennußblechkuchen

200 g Butter
150 g Zucker
1 V.-Zucker
4 ganze Eier
250 g Mehl
3 Teel. Backpulver
3 Eßl. Kakao
250 g gewaschene Rosinen
250 g grob gemahl. Haselnüsse
100 g grob zerkleinerte Blockschokolade

Den Rührteig auf ein gefettetes Blech streichen u. 20 Min. 180° backen.

Guß von
200 g Puderzucker u. 3 Eßl. Rum
gleich nach dem Backen aufstreichen u. in Stücke schneiden.

Aufbewahren in einer Kuchendose.

Für die Adventszeit geeignet!

Schokoladenblechkuchen

250g Butter
250g Zucker, 2 V-Zucker
60g Kakao
4 ganze Eier
500g Mehl
1 Backpulver
Milch nach Bedarf

Den Rührteig auf ein gefettetes Blech streichen 30 min. 175° backen

Guß:
250 g Puderzucker mit Milch ausrühren.

Gefriergeeignet!

Mit Schlagsahne servieren?

Mohntorte von Traute Tockhorn

4 Eiweiß, 4 Eßl. Wasser – sehr steifschlagen und zuletzt unterheben

4 Eigelb, 1 Tasse Zucker – schaumig rühren

1 Tasse Mohn pur, 1 Tasse Mehl, 1 Teel. Backpulver – hinzufügen

In einer Bisquitform 35 Min. 180° backen.

3 Becher Sahne, Zucker u. 3 Tropfen Bittermandelöl zum Füllen

200g Marzipanrohmasse ausrollen u. die Torte ummanteln.

Hefeblechkuchen

375 g Mehl
25 g Hefe
1/8 l Milch
1 Ei u. 1 Eigelb
75 g Zucker
1 Pr. Salz
100 g Butter
Zitronenschale
1 V.-Zucker
Rosinen nach Geschmack

Hefeteig auf ein gefettetes Blech streichen oder mit bemehlten Händen verteilen, dann 10-15 Min. bei 50° in den Ofen zum Aufgehen schieben.
Zucker, Mandelblättchen u. Butterflöckchen darauf verteilen u. 10-15 Min. 180° backen.
Zum sofortigen Verzehr.

Teekuchen von Doris

375 g Weizenmehl Typ 405
125 g Vollkornweizenmehl Typ 1700
1 Würfel Hefe
50 g Zucker
100 g Butter
Prise Salz
Zitrone, 1 Ei
gut 1/4 l warme Milch
wie Hefeblechkuchen verarbeiten
Belag: auch für Hefeblechkuchen (500 g Mehl)
200 g Honig
100 g Butter } aufkochen, dann
3 Eßl. Sahne
300 g Mandelblättchen unterrühren,
abkühlen lassen, auf den vorberat.
Hefeteig verteilen und backen.
10 - 15 Min. 180°
Am gleichen Tag servieren.

Dominosteine

250g Honig } erhitzen, kaltrühren,
60g Butter } dann
200g Zucker
2 Eier
100g gehackte Mandeln
1 Teel. Zimt
1 Messerspitze Nelken
½ abgerieb. Zitrone hinzufügen
500g Mehl }
1 Backpulver } gemischt hinzu
Den Teig auf einem gefett. Blech
45 Min. 180° backen. Nach dem
Erkalten waagerecht durchschneiden,
dünn mit Gelee bestreichen u. mit
200g ausgerollter Marzipanmasse
füllen, in kleine Quadrate schneiden,
diese mit dunkler Kuvertüre von
allen Seiten bepinseln. Auf Zahnstocher!

Spiegeleikuchen

200 g Butter
200 g Zucker
200 g Mehl
2 Eier
1/2 Backpulver
2 Eßl. Wasser

Den Rührteig auf eine gefettete Platte streichen und 15 Min. 170° backen.

Creme:
3/4 l Milch
1 1/2 Pck. Puddingpulver
Zucker nach Geschmack
3 Becher Schmand unterrühren
2 Dosen Aprikosen zum Belegen
nochmal 20 Min. 170° backen.
2 Tortenguß mit dem Aprikosen-saft nach dem Backen übergießen!

Lieber fernsehmüde als radioaktiv.

Blechkuchen mit Schokoraspel

200 g Butter
200 g Zucker
3 Eier
1 V.-Zucker
375 g Mehl
1 Backpulver
knapp ½ Tasse Milch
150 g Raspelschokolade
abbacken auf einem gefett. Blech.
20 Min. 180°, dann mit folg.
Guß überziehen:
250 g Puderzucker
2 Teel. Nescafe
etwas Milch

Niemand ist so reich, daß er
nicht arm werden könnte!

Marktkuchen

wird auf Fehmarn zum Herbstmarkt gebacken.

125g Butter
1½ Eier (1 Eigelb zum Bestreichen d. Kuchens)
125g Sirup
250g Zucker
½ Tasse Milch
500g Mehl
gute Messerspitze Hirschhornsalz
kleine " Pottasche auflösen in
wenig Wasser u. zuletzt an den Teig
geben. Nelken, Zimt, Rum, Sukkade
nach Geschmack untermischen.
Den Teig auf ein gefettetes Blech streichen,
mit Eigelb bestreichen u. mit gehackt.
Mandeln bestreuen oder auch eine
Hälfte mit Eiweiß-Zuckerguß. S. 50
20 Min. 160° backen.

Bisquitrolle

4 Eiweiß } sehr steif schlagen,
4 Eßl. Wasser } dann langsam
150 g Zucker hinzugeben, auch die
4 Eigelb
80 g Mehl } mischen u.
80 g Pudermehl } durchsieben
2 Teel. Backpulver }
für Schokoladenbisquit: 2 Eßl. Kakao
12 Min. 170° backen
geeignet für Erdbeersahneroulade, Baumstamm mit Schokoladenbutter-creme gefüllt, für Ingwerrolle, für Zitronenrolle, für Nußschnitte, für die Spiralentorte.
Der Teig wird auf ein mit Dauerbackpapier ausgelegtes Blech gebacken 12 Min. 170°, dann damit aufgerollt oder auf ein Papier gestürzt, je nach Verwendungs-

zweck.

mit Zitronencreme Seite 71

mit Schokosahne Seite 114

mit Zitronensahne Seite 71

mit Erdbeeren und Sahne

mit Buttercreme Seite 72

als <u>Ingwerrolle</u> mit 2 Becher Sahne, 50g gehackte Walnüsse, 125g sehr fein gehackten Ingwerpflaumen, Zucker. Sternmotive auf die Rolle legen, dann mit Staubzucker überpudern. Eine Schokoladenbisquitrolle dafür backen, wie auch für die <u>Traumrolle</u>, gefüllt mit Buttercreme u. Bananen.

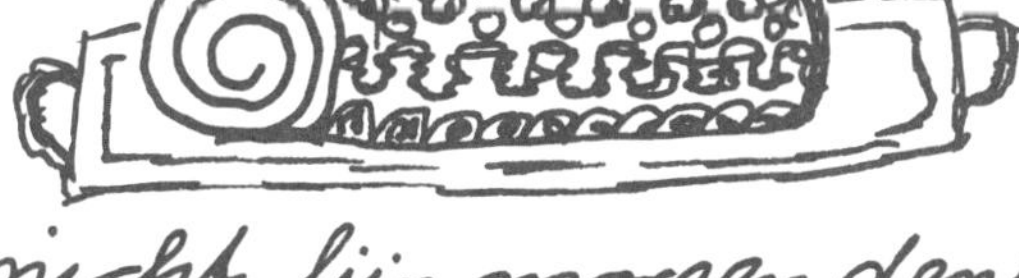

Wer heute nicht für morgen denkt, wird übermorgen wie gestern leben...!

Quark - Ölteig

200 g Quark
6 Eßl. Milch
6 Eßl. Öl
75 g Zucker
Prise Salz
} alles verarbeiten

400 g Mehl
1 Backpulver
} durchsieben u. hinzufügen

1 Ei
75 g Rosinen

Den Teig auf eine gefettete Platte streichen und mit Streusel verzieren

300 g Mehl
150 g Zucker
200 g Butter
1 Messerspitze Zimt
} leicht zu Streusel verarbeiten

event. gehackte Mandeln oder Kokosraspel

30 Min . 180°

Ohne Zucker u. Rosinen als Pizzateig geeignet.

Quarkblätterteig

200g Mehl
200g Butter
200g Quark
3 Teel. Backpulver

} alles verkneten, 1 Std. ruhen lassen, dann 1 cm dick ausrollen, mehrfach übereinanderschlagen und wieder ausrollen, wiederholen.

geeignet für Plundergebäck, Apfeltaschen, Wurst im Teig u. s.w.

Den Teig in 3 cm breite Streifen schneiden, mit Ei bepinseln u. die Würste spiralenförmig umwickeln, die bepinselte Seite zum Würstchen hin.
in 180° erhitztem Fett 4-5 Min. fritieren

Blätterteig

geeignet für Marshallkuchen, Pflaumen-halbmonde, Apfeltaschen, Apfelschnitte, Kremschnitte, Pflaumentorte, Blätter-teigstangen, Kirschschnitte, Wurst im Teig, Pasteten u.s.w.

klassisch:

250g Mehl
1/8 l Wasser } vermischen, dann
250g Butter im Stück darin einschlagen und ausrollen, ruhen lassen u. noch 4x den Vorgang wiederholen, dann 1/2 cm dick ausrollen u. backen 15-20 Min. 180°

Blätterteig

von Anneliese Detlef

500 g cremige Butter } verkneten u.
250 g Mehl } kaltstellen, so
formen wie ein Päckch. Butter.
250 g Mehl
3 Eigelb } verquirlen, dann
3 Eßl. Wein } 2-3 Eßl. Sahne u.
das Mehl hinzugeben, diesen
Knetteig zu einem Rechteck aus-
rollen, sodaß man das Kalt-
gestellte darin einschlagen kann,
dann ausrollen u. wieder ein-
klappen, diesen Vorgang ca 4x
wiederholen. Siehe Blätterteig kl.
Gefriergeeignet, gut für Vorrats-
haltung. Sehr gut!

Yoghurt-Johannisbeerkuchen

Bisquitrolle von 3 Eiern backen.

4 Becher Yoghurt
1 " Sahnequark
Saft von 2 Zitronen
2 V.-Zucker
100 g Zucker
8 Bl. weiße Gelatine
1/8 l süße Schlagsahne

diese Creme auf den Bisquit streichen, mit frischen Johannisbeeren bestreuen u. mit 2 Tortenguß begießen.
Erfrischend u. lecker!

Yoghurt kommt aus dem türkischen und ist dort ein Nationalgericht. Seine diätische Wirkung beruht auf die Verdaulichkeit u. der günstigen Beeinflussung der Darmflora durch die Milchsäurebakterien.

Topfkuchen

Backe, backe Kuchen,
der Bäcker hat gerufen!
Wer will guten Kuchen backen,
der muß haben sieben Sachen:
Eier und Schmalz, Zucker und Salz,
Milch und Mehl,
Safran macht den Kuchen gehl.
Schieb, schieb in'n Ofen 'rein!

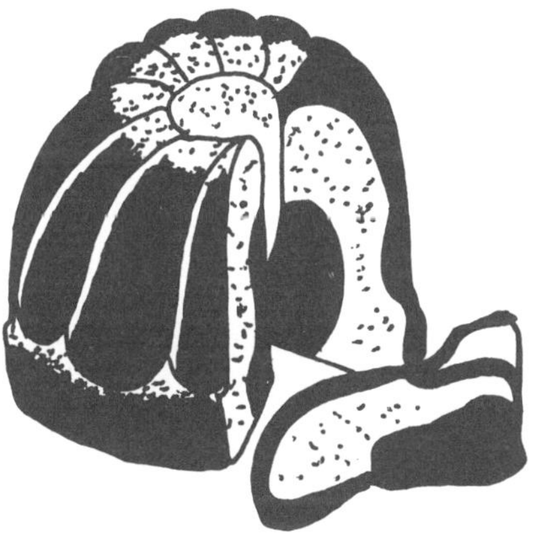

Marzipankuchen

7 ganze Eier
500 g Marzipanrohmasse in hauchdünne Scheibchen schneiden
1/2 Fl. Bittermandelöl
10 Min. schaumig rühren, dann den Teig in eine mit Backpapier ausgelegte Kastenform füllen u. backen.
50-60 Min. 170°. Saftig u. locker!

Cfrisch-Torte

4 ganze Eier, 125 g Zucker, 100 g Mehl,
1/2 P. Backpulver, 8 Eßl. Öl
Den Tortenboden 30 Min. 180° backen.
2 Becher geschlagene Sahne
1 Becher Schmand
100 g Cfrisch-Pulver ohne Wasser
1 Dose Mandarinen ohne Saft hinzu, den Tortenboden mit der Creme füllen!

Apfelkuchen

500 g säuerliche Äpfel (4) in Stücke, mit Zitrone beträufeln

175 g Butter

150 g Zucker

3 ganze Eier

375 g Mehl

1/2 Backpulver

1 Pr. Salz

1/2 Becher Sahne

100 g gehackte Mandeln

Den Rührteig in eine mit Backpapier ausgelegte Kastenform füllen und 60 Min. 170° backen. Saftig!

Bischofsbrot

200g Butter
200g Zucker
4 ganze Eier
125g gerieb. Haselnüsse
100g grob zerbröckelte Blockschokolade
250g Mehl
1/2 Pck. Backpulver
In einer gefetteten u. panierten Topfkuchen-form backen 170° ca 45 Min.

Eierlikörkuchen

5 ganze Eier
250g Puderzucker
1 Tasse Öl
} schaumig schlagen

von Käthe Bugislaus

1 Tasse Eierlikör langsam dazu geben
250g Pudermehl
1 Backpulver
1 V.-Zucker
50 Min. 160° 10 Min. 0° backen.

Bisquitform oder wie oben

Topfkuchen mit Eierlikör u. Schokoraspel

6 ganze Eier
250g Butter
250g Zucker
300g Mehl
1 Backpulver
2 Tassen Eierlikör
1 Paket Schokoraspel

Backzeit:
60 Min. 175°

Locker lecker!

Rührteig in eine gefettete, panierte Topfkuchenform füllen u. backen.

Rotweinkuchen

250g Butter
200g Zucker
4 Eier
1 Tafel Zartbitter-Schokolade zerbröckelt
2 Eßl. Kakao
1/8 l Rotwein
250g Mehl, 2 Teel. Backpulver

Backen: wie oben

Nußbrot

2 ganze Eier } im Wasserbad
140g Zucker } schaumig schlagen
200g Mehl
140g ganze Haselnüsse } mischen,
dann an die Eimasse geben und
in einer mit Backpapier ausgeleg-
ten Kastenform 50-60 Min. 175°
backen. Über Nacht in ein feuchtes
Tuch schlagen und am nächsten
Tag mit einem scharfen Messer
hauchdünne Scheiben abschneiden
und im Ofen hellgelb rösten.
10 Min. 150°

Gut zu einem Gläschen Wein oder
Punsch, Tee, Kaffee u.s.w.

Eiweißtorte oder Silberkuchen

7 Eiweiß sehr steif schlagen
250 g Zucker langsam hinzufügen
200 g Mehl
200 g zerlassene, wieder erkaltete Butter
150 g geriebene Mandeln oder Kokosflocken
1/2 Fläschchen Bittermandelöl
Den Rührteig in eine gefettete, panierte Topf-
kuchenform füllen und backen.
50 Min. 175° – 10 Min. 0°, stürzen!

Saftiger Aprikosenkuchen v. Frau Sasse

250 g Mehl u. 1 Teel. Backpulver mischen
125 g Butter, 100 g Zucker, 1 Ei — Mürbeteig
Den Mürbeteig in eine gefettete Bisquitform mit
Rand kneten (Klarsichtfolie auf den Teig legen u.
dann in die Form drücken, Folie entfernen, Hände
bleiben sauber) auf den Teig 1 Dose abgetropfte Aprikosen,
darauf folgende Füllung: 1/4 l Milch mit 1 gehäuften
Eßl. Pudermehl aufkochen, 60 g Butter, 150 g Zucker, 4 Eigelb,
4 Eischnee u. 125 g gem. Haselnüsse dazu tun.
50 min. 180° backen.

Sandtorte

gefüllt = Frankfurter Kranz

250g Butter cremig rühren, dann Mehl hinzu u.s.w.
200g Zucker
4 ganze Eier
zuletzt den Rum.
250g Pudermehl
50g Mehl
1 gehäufter Teel. Backpulver
1 Eßl. Rum
Zitronensaft
Den Teig in einer gefetteten, panierten Topfkuchenform 60 Min. 170° backen.

Füllung:
1/2 l Wasser kochen, Stg. Vanillemark
1 Vanillepuddingpulver angerührt hinzu u. eine Creme kochen. Zucker.
Die Creme fast erkalten lassen, dann löffelweise an 250g Butter

rühren. Die Sandtorte 2-3 mal quer-
durchschneiden und mit der Creme
füllen. Auch außen herum mit Creme
bestreichen.
Mit gerösteten Mandelblättchen außen
bestreuen:
100g Zucker karamelisieren in d. Pfanne
100g Mandelblättchen 2 Min. darin rösten
auf Dauerbackpapier erkalten lassen.
Den Frankfurter Kranz sollte man
schon einige Tage vorher füllen,
damit er gut „durchzieht".

Kekskuchen

auch Igel, Kalter Hund, Wandsbeker Speck

2-3 Pakete Leibniz Butterkeks

Füllung:

60g Zucker } cremig rühren
3 ganze Eier }

60g Kakao

Schuß Rum

250g Palmin flüssig u. wieder erkaltet an die Eimasse geben.

abwechselnd jetzt Keks, Creme, Keks u.s.w. in eine mit Pergamentpapier ausgelegte Kastenform schichten.

Im Kühlschrank einige Tage durchziehen lassen, dann Scheiben schneiden.

Mandelblättchen kann man vor dem Erstarren auf den Kuchen streuen.

Marmorkuchen

250g Butter
200g Zucker
4-6 Eier
300g Mehl
knapp 1 Backpulver
1/8 l Milch oder Sahne
30g Kakao an die Hälfte des Teiges.
Zuerst den hellen Teig in eine gefettete, panierte Kranzform füllen, dann den dunklen Teig darauf und mit einer Gabel die Teige durch spiralenförmige Bewegungen vermischen.
45 Min. 180°. Gleich stürzen!

wenn man ohne Kakao den Teig backt, kann man Rosinen, Rum, Mandeln, Sukkade oder Schokoraspel unterrühren, die Form auch mit Mandelblättchen ausstreuen.

Nußkranz

von Bärbel Michelsen

250g Butter
250g Zucker
5 Eigelb – 5 Eischnee zuletzt
250g geriebene Haselnüsse
100g Mehl
1/2 Backpulver
1 Eßl. Kakao
Den Rührteig in einer gefetteten, panierten Kranzform backen.
45 Min. 150°

Müsli

40g Hafer waschen, dann mit 12 Eßl. Wasser einweichen, den Saft 1 Zitrone und 4 Eßl. gezuckerte Milch dazu geben.
4 geriebene Äpfel mit Schale
40g grobgehackte Nüsse.

Nußkuchen

125g Butter
200g Zucker
6 Eier, das Weiße zu Schnee
250g gerieb. Haselnüsse
Zitronenschale
125g abgezog. gerieb. Mandeln
1/2 Pck. Backpulver
In einer mit Backpapier ausgelegten Bisquitform ca 50 Min. 170° backen. Nach dem Backen mit Kuvertüre überziehen, für die Adventszeit!

Pfarrers Kinder, Müllers Vieh,

geraten selten oder nie, und
wenn sie doch einmal geraten,
sind sie wahre Teufelsbraten!

Whiskykranz

200 g Butter
150 g Zucker
3 Eier
200 g Mehl
2 gestr. Teel. Backpulver
2 gestr. Eßl. Kakao
100 g grobgehackte Schokolade
1-2 Eßl. Milch
1-2 Eßl. Whisky

Den Teig in eine gefettete, panierte Kranzform füllen u. 50 Min. 170° backen, stürzen u. mit einem Zahnstocher durchlöchern u. begießen mit
8 Eßl. Whisky
2 Teel. Instant Kaffee
1 V.-Zucker
1 Kuvertüre zum Überpinseln
Schlagsahne dazu reichen.

Schokonußnapfkuchen

250 g Rosinen 24 Std. in Rum quellen
1/8 l Rum
250 g Butter
200 g Zucker
1/2 Teel. Salz
1 V.-Zucker
6 Eier
225 g Mehl
75 g Pudermehl
3 gestr. Teel. Backpulver
200 g zartbitter Schokolade in □
300 g grobgehackte Mandeln

In einer gefetteten, panierten Kranzform 80-100 Min. 175° backen.
Gleich stürzen.
Mit Puderzucker bestäuben!

Gewürzkuchen von Urte

90g Butter
110g Zucker
2 Eier
1 V.-Zucker
5 Eßl. Milch
250g Mehl
2 Teel. Backpulver
1/2 Tüte Lebkuchengewürz
2 Teel. Kakao
1 Eßl. Nußnougatcreme
1 Eßl. Rum

Den Rührteig in eine gefettete, panierte Bisquitform oder Kastenform füllen u. 20 min. 180° backen
Guß: 100g Puderzucker u. 1/2 Zitronensaft

Brot und Fettgebäck

Alle guten Gaben,
alles, was wir haben,
kommt, o Gott, von Dir.
Wir danken Dir dafür.
Amen.

Dreikornbrot

450 g Mehl Typ 405
1 Würfel Hefe
1/4 l warme Buttermilch
50 g Leinsamen
50 g kernige Haferflocken
20 g Sesam
1 Teel. Kümmel
1 Teel. Salz
event. Sonnenblumenkerne

Den Hefeteig gehen lassen, in eine gefettete Form geben, mit Milch oder Wasser bepinseln, einschneiden und backen.
50-60 Min. 180°

Warum ziehen Chirugen vor der Operation Gummihandschuhe an? Damit man hinterher keine Fingerabdrücke findet!

Feinbrot

1 kg Roggenfeinmehl
3/4 l Buttermilch
Salz
30 g Hefe

einen Hefeteig herstellen, 1 Nacht mäßig warm stellen, dann am nächsten Tag etwa 1/2 kg Weizenmehl unter kneten, der Teig muß gut fest sein, gehen lassen, Brot formen u. 60 Min 180° backen.

Zwiebelbrot

125 g Sauerteig
500 g Weizenmehl
1 Würfel Hefe
1 Teel. Salz
1/2 l warmes Wasser

Hefeteig gehen lassen.

2 Zwiebeln würfeln und in Butter bräunen
Pfeffer, Basilikum
Stangenbrote oder Brote formen
20-60 Min. 180°

Quarkbrötchen

125 g Quark	250 g Quark
250 g Mehl	375 g Mehl
4 Eßl. Milch	3 ganze Eier
4 Eßl. Öl	1 Backpulver
1 Ei	1 Pr. Salz
½ Teel. Salz	ergibt ca 20 Stck.
1 Teel. Zucker	es sind 2 Rezepte
1 Backpulver	

Backzeit: 20 Min. 170°

Maiskäseplatte

von Frau Milbrodt

1 Rezept Pummeln S. 175 plus 50 g Butter, gehen lassen, auf einem gefettetem Blech ausrollen, mit 2 Becher Creme fraiche bestreiche darauf 500 g Zwiebelmett oder ähnliches, 2 Dose Mais darauf, dick mit gerieb. Käse u. Petersilie bestreuen. Alles 10 Min. gehen lassen, dann 25-30 Min. 180° backen, noch heiß servieren.

Pummeln = Brötchen

500g Mehl, 1 Teel. Salz
1-2 ganze Eier
4 Eßl. Öl } oder
40g Margarine } 80g Schmalz
1 Würfel Hefe mit ½ Teel. Zucker ausrühr.
1/4 l lauwarmes Wasser oder Milch
Den Hefeteig in einer Tupperschüssel gehen lassen bis der Deckel aufspringt, den Teig nochmal durchschlagen, dann auf Mehl zu einer Rolle von 6 cm Ø formen u. ca 18 Pummel abschneiden und zu Brötchen drehen, mit Eigelb bestreichen u. mit Mohn, Sonnenblumenkerne u.s.w. oder bunte Streusel für Kinder bestreuen oder eben nur mit Eigelb bepinseln.
20 Min. 180° auf Dauerbackpapier
Auch als Weißbrotteig und als Pizzaboden geeignet z.B. Maiskäseplatte.

Kräuterbrötchen

500 g Mehl
30 g Hefe
1 Teel. Zucker
1/4 l warme Milch
1 Teel. Salz
2 Teel. Kümmel
Petersilie, Schnittlauch
8 Eßl. Öl oder 4 Eßl. Schmalz

Den Hefeteig zu einer Rolle formen, 20 Brötchen davon drehen, auf Backpapier legen, 5 Min. 50° gehen lassen 20 Min. 0°, jetzt mit Eigelb bestreichen u. 20 Min. 180° backen.

Es hat für jede Seelenwunde, wie tief sie immer brennt, die Zeit, die große Trösterin, den wahren Balsam.

Kräuterbrot

1 Meterbrot in 1cm dicke Scheiben schneiden
250g Kräuter- oder Knoblauchbutter
alle Scheiben von einer Seite damit bestreichen, dann wieder zu einem Brot zusammenfügen und in Alufolie wickeln und im Backofen 20 Min. 180° backen.
zum Grillabend oder Kurzgebratenem.
Gefriergeeignet.

Zebrabrot

2 Sorten Brot z.B. Mischbrot und Pumpernickel, von beiden Seiten mit Butter bestreichen und mit Käse schichtweise aufeinanderlegen.
7 Scheiben pressen, kaltstellen und dann in Würfel schneiden.
Wein dazu trinken!

Ostereier

wie Pummelteig

Eier nach Bedarf 8–10 Min. kochen, abpellen und mit dem Teig umhüllen. Brötchen mit Ei bestreichen u. event. mit Samen bestreuen.
Die Brötchen können auch mit Kaßler gefüllt werden, dann Kräuterbutter dazu reichen.

Sauerteig

200 g Roggenmehl Typ 1700
1/4 l lauwarmes Wasser } gut verrühren und 3 Tage bei Zimmertemperatur von 18-20° stehen lassen, dann in den Kühlschrank, lange haltbar. 1 Eßl. vom Teig bei Bedarf mit 300 g Mehl mischen u. am nächsten Tag weiterverarbeiten.

Partybrot

knappe 1/2 l Buttermilch

250 g Quark
1 Teel. Salz
375 g Weizenmehl
375 g Roggenmehl
2 1/2 Würfel Hefe u. Zucker

Aus dem Hefeteig 19 Brötchen formen u. als Partybrot auf Backpapier setzen.

1. Brötchen = 1. Kreis
6 Brötchen = 2. Kreis
12 Brötchen = 3. Kreis

oder als Baummotiv

30-40 Min. bei 50° gehen lassen, mit Buttermilch bestreichen u. mit Mehl oder Körnern bestreuen.

30 Min. 180° backen.

Des Bauern Feld ernährt die Welt!

Heiße Wecken
für die Fastnachtzeit

1 kg Mehl
300g zerbröselte Butter untermischen
90g Hefe
3 Eigelb 3 Eischnee zuletzt
ca 1/2 l warme Milch
125g Rosinen, Salz, Zucker, Zitrone,
100g gehackte Mandeln, Kardamom
Mit dem Löffel Wecken auf Backpapier setzen und backen 15 Min. 180°

Laugenbrezel = Salzkringel

Rezept von Pummeln mit Schmalz
Aus dem Teig 1cm dicke Röllchen formen, daraus Kringel formen. Auf Backpapier legen u. mit Salzwasser (1/8 l Wasser 1 Teel. Salz) bepinseln, mit grobem Salz bestreuen.
10-15 Min. 180°, sofort mit Butter servieren.

Hefeschnecken von Ute

250g Mehl
1/2 Würfel Hefe
40g Zucker
40g ausgel. Butter
1/2 Eßl. Öl
ca 100ccm warme Milch

Hefeteig zu einem Rechteck ausrollen, mit 60g Butter bestreichen, 30g Zucker bestreuen, ebenfalls mit Kakao, Zimt, geraspelten Mandeln oder Nüssen, alles vorher mischen. Von der Längsseite aufrollen und in 3-4cm dicke Scheiben schneiden u. in Backförmchen aus Papier backen. Vorher noch mit Hagelzucker bestreuen.
20 Min. 180°.
Puderzucker zum Bestäuben.
Gleich servieren! Lecker!

Mohnstollen

500 g Mehl
1 Würfel Hefe mit Zucker u. Milch ausrühren
1/8 l warme Milch
2 Eier
75 g Zucker
150 g Butter
35 g gehackte Mandeln
einige Tropfen Bittermandelöl
Zitrone, Prise Salz, Sukkade, Rosinen in
Rum legen 1 Nacht.
Füllung:
½ l Milch mit 250 g gemahl. Mohn auf-
kochen u. 10 Min. quellen lassen, dann
1 Vanillepudding ausgerührt dazu geben.
1 Eßl. Butter, 1 Eigelb, 1 Eßl. Rum, 100 g Zucker
alles auf den Hefeteig verteilen u. Stollen formen
45 Min. 180° backen. Mit Puderzucker,
Zitrone, Eiweiß glasieren, Mandelblättchen.
Sehr saftig!

Adventskranz

500g Mehl = Hefekranz

2 Eßl. Zucker

1 Teel. Salz

1 Würfel Hefe

1/8 l lauwarme Milch

1 Ei

125 g Butter

Hefeteig herstellen, gehen lassen u. zum Rechteck ca 30x40 cm ausrollen, 200g Teig vorher für die geflochtenen Kerzenhalter abnehmen, 4 Zöpfe oder Kordeln daraus arbeiten.

Füllung: 200g Marzipanmasse, 1 Zitrone 2 Eßl. Rum, 150g Rosinen, 100g gehackte Nüsse, 100g Sukkade, ½ Teel. Nelkenpfeffer

1 Eigelb u. 1 Eßl. Milch zum Bestreichen

4 Eßl. Mohn zum Bestreuen des Kranzes.

30 Min. 175° ausgekühlt mit roten Kerzen schmücken. Als Adventsgeschenk!

Christstollen

1 kg Mehl
100 g Hefe
1/4 l warme Milch
125 g Zucker
200 g Sukkade
2 ganze Eier
1 Zitrone
200 g gehackte Mandeln
400 g gewaschene Rosinen, in Rum legen
400 g flüssige Butter
Marzipanmasse kann mit einge-
rollt werden.

Den Hefeteig gehen lassen, durchkneten, 4 Stollen formen, gehen lassen u. 50 Min. 180° backen, dann mit flüssiger Butter bepinseln u. mit Puderzucker bestäuben.

Fehmarnscher Klöben

750 g Mehl
250 g Butter
250 g Zucker
3 Eier
3 Eigelb
Kardamom
1 Vanilleschote auskratzen
250 g gehackte Mandeln
Zitrone, Salz
250 g Rosinen
250 g Korinthen
125 g Sukkade
ca 1/2 l warme Milch
80 g Hefe

Aus dem Hefeteig 2 Klöben formen
60 Min. 180° backen, dann mit
250 g flüssiger Butter bepinseln und mit
Puderzucker bestäuben.

Ausbackteig

150g Mehl
1 Messerspitze Salz
3 Eigelb
3/8 l Milch
3 Eischnee

alles verrühren u. 15 Min. quellen lassen, dann den Eischnee unterziehen

Zum Fritieren von Fleisch u. Früchten

Ausbackteig mit Bier

125g Mehl
1/2 Teel. Backpulver
1 Pr. Salz
2 Eigelb
1 1/2 Eßl. Öl
3/4 Tasse helles Bier
2 Eischnee

Zubereitung: wie oben

geeignet für Fleisch, Schinken, Pilze, Camembert u.s.w.

Temperatur d. Fritteuse: 175°–190°

Windbeutel

auch Schneebälle genannt u.
Brandteigringe
aus Brandteig S. 61
beide querhalbieren und
füllen mit Schlagsahne oder
Vanillecreme,
mit Puderzucker bestäuben.
Sofort servieren!

Eberswalder Spritzgebäck

aus Brandteig S. 61
Auf 10X10 cm großen Pergamentpapierquadraten, in Fett getaucht, mit dem Spritzbeutel Ringe spritzen. In Fett backen, die Ringe vom Papier gleiten lassen. Goldgelb backen, dann mit Zitronenguß bepinseln.
Am gleichen Tag essen!

Berliner

2 ganze Eier
2 Eigelb
100g Zucker
100g Butter
1 Tasse warme Milch
30g Hefe ausrühren
Prise Salz
1 Eßl. Rum
500g Mehl
Zitronensaft

} Hefeteig bereiten u. gehen lassen.

Den Teig dann zu einem Rechteck ausrollen, auf die eine Hälfte Pflaumenmushäufchen verteilen, die andere Hälfte darüberschlagen u. mit einem Glas kleine Bällchen ausstechen, diese in Fett ausbacken, dann in Zucker wenden

Ritterschürzen

Rezept von Berliner.
Den Teig zu Rollen formen u. ca
5 cm breite Stücke abschneiden,
ein Loch in die Mitte stechen u.
eine Hälfte durchziehen, aufgehen
lassen, dann in Fett ausbacken
in Zucker wenden.
Die Ausbacktemperatur ist richtig,
wenn an einem Holzlöffel kleine
Bläschen aufsteigen.

Pflaumenmus

250 g entsteinte Pflaumen in
etwas Rotwein und Zucker garen.
Dann sehr fein hacken oder
pürieren
auch für Marshalltörtchen

Fehmarnsche Kröpel um 1900

10 ℔ Mehl

1 ℔ Zucker

4 Tassen geklärte Butter

400 g Hefe

2 l Schlagsahne

60 ganze Eier, das Weiße zu Schnee
und zuletzt unterheben.

4 Zitronen

1 ℔ Korinthen

Wieviel Zeit hat man damals
zum Backen gebraucht?

Mit einem Kinderlöffel werden die Kröpel in heißes Fett gesetzt und gebacken, dann in Zucker wenden.

Wenn auf Fehmarn die Weizenernte beginnt, werden Kröpel gebacken, das ist auch heute no
Früher bekamen noch das halbe Dorf, Verwan
und Bekannte welche ab, daher die großen Rezepte. Pro Person werden 10-20 Kröpel berechne

Kröpel von Hilde

1/2 l Milch
125 g Butter } abbacken
500 g Mehl
14 Eier
125 g Zucker
60 g Hefe
500 g Mehl
125 g Korinthen nach Geschmack

Hefeteig gehen lassen, dann mit einem Eisportionierer oder Löffel, beides vorher in heißes Fett tauchen, Kröpel ins heiße Fett setzen u. garen. In Zucker wenden. Zum sofortigen Verzehr oder ungezuckert einfrieren, dann kurz im Backofen auftauen u. zuckern.

Kröpel von Anke Marquardt

1 l Milch
250 g Grieß } abbacken
125 g Butter
500 g Mehl hinzugeben
6 Eier, 1 Zitronensaft
200 g Zucker, 1 Pr. Salz
2 Pck. Hefe ausrühren
125 g Korinthen
wie Fettgebäck weiter verarbeiten.

Kröpel mit Quark ca 22 Stck.

1 Pck. Hefe mit 1 Teel. Zucker u. 5 Eßl. warmer Milch ausrühren, gehen lassen.
50 g Fett
2 Eier } schaumig rühren, 1 Pr. Salz und Zitrone
65 g Zucker
200 g Quark
200 g Mehl } hinzu fügen, zuletzt die Hefe, gehen lassen, dann wie Fettgebäck backen,
75 g Rosinen
event. etwas länger garen lassen.

Kröpel

1/2 l Milch
100 g Butter
250 g Mehl
} abbacken im Topf

3-4 Eier hinzu

30 g Hefe
2 Eßl. Zucker
Zitronensaft
} ausrühren

oder 1 Backpulver
Rosinen nach Geschmack
250 g Mehl

Den Teig in Fett ausbacken, mit einem Löffel abstechen.

Berliner von Helga Hagen

500 g Mehl
30 g Hefe
ca 1/4 l warme Milch
80 g Zucker
6 Eigelb
80 g Butter

Hefeteig herstellen, mit einem Eßl. Teig abstechen u. dieses Bällchen mit Pflaumenmus füllen. Hände gut mehlen.
In Fett ausbacken u. in Zucker wenden.

Berliner aus Vollkorn

150 g lauwarme Milch (1 Tasse voll)
40 g Hefe } 20 Min.
150 g Mehl } gehen lassen
160 g Weizenvollkornmehl
1 Ei } hinzu
30 g Honig } geben
1 g Vollmeersalz
25 g Butterflöckchen unterheben, 15 Min. ruhen lassen, nochmals durchkneten, ruhen lassen u. noch einige Male wiederholen. Kleine Kugeln formen, mit Pflaumenmus füllen, 5 Min. gehen lassen u. in heißem Fett ausbacken.
Nach dem Backen in Haselnußmehl wälzen.

Schweinefilet mit Pflaumen

1 Pck. Kurpflaumen 1 Nacht in 1/4 l Weißwein einweichen, dann 10 Min. dünsten.

2 ganze Schweinefilets pfeffern, salzen u. mit Ingwer würzen, dann mehlieren, in Butter anbraten und mit 1 Tasse Orangensaft u. 1/4 l Würfelbrühe löschen, event. noch Pflaumenwein.
1 Becher Creme fraiche, das Fleisch dann noch 15 Min. darin garen.
Pflaumen dazu u. alles mit Reis oder Salzkartoffeln u. Gemüse essen.

Eig'ner Herd ist
Goldes wert!

Gans, gefüllt

auch für Ente oder Pute

Apfelstücke in Butter dünsten, mit eingeweichten Pflaumen, gerieb. alten Weißbrot oder Paniermehl, Rosinen, etwas Zucker, Salz, Majoran u. Zitronensaft die Füllung bereiten u. einfüllen. Das Geflügel zu nähen u. im Bratofen garen ca 3 Std. Das Fleisch öfter begießen, das Fett zuletzt entfernen u. mit Wasser auffüllen, Soße daraus bereiten.
Eine delikate Kruste bekommt das Fleisch, wenn es zum Schluß mit kalten Salzwasser (nicht zuviel) übergoßen wird, noch 15 Min. braten.
Auch für gefüllte Rippe geeignet.

Von nichts kommt nichts!

Zungenragout

Eine ungepökelte Rinderzunge
ca 1½ kg, in 2 l Salzwasser
mit Suppenkraut, 4 Pfefferkörnern
1 Lorbeerblatt, 1 Gewürznelke,
1 Zwiebel, 4 Wacholderbeeren
ca 2½ - 3 Std. garen.
Nach dem Kochen die Zunge
von der Spitze aus häuten, Fett
abschneiden, die Zunge in
Scheiben schneiden u. in der
gesiebten Brühe erkalten lassen.
Die Zunge 1 Tag vor Gebrauch garen,
ebenso die Fleischklöße, Pilze
extra erhitzen. Die Brühe mit Soßen-
farbe färben u. mit Zitrone, Rotwein
u. Madeira abschmecken, andicken.
Reis, Blätterteig od. Kartoffeln dazu.
Gefriergeeignet!

Hahnbraten

1 Hahn (2-3 kg) von innen salzen, nicht von außen, die Haut wird ledern. Im Saftbräter 2-3 Std. garen mit einigen Speckscheiben auf d. Hahn. Nach 1 Std. 1/4 l Wasser angießen für die Soße, zum Schluß die Soße mit Kartoffelwasser u. saurer Sahne bis 1/2 l auffüllen. Pute ebenso bereiten. Salzkartoffeln u. gestowte Rüben dazu.

Sahnehähnchen

1 gr. Hähnchen portionieren, mit Zitronensaft u. Basilikum, Rosmarin, Salz u. Estragon würzen, in Mehl wenden u. anbraten, mit 1 Becher Sahne u. 1/8 l Wasser auffüllen u. 30-40 Min. garen. 1 Dose Pilze dazu u. noch 10 Min. garen. Größere Portionen auf der Fettauffangpfanne, Reis dazu, Salat.

Marengo-Huhn

1 Suppenhuhn portionieren, salzen u. pfeffern, in Mehl wenden u. anbraten. Zwiebeln, Tomaten, Tomatenmark u. Paprika u. 1 l Brühe u. Rotwein zum Schmoren dazu tun. 2 Std. Garzeit, dann die Soße mit Mehl binden. Salzkartoffeln u. Gemüse dazu.

Hühnerfrikassee

1 Suppenhuhn in 1½ l Wasser, Salz u. Suppengemüse 2 Std. kochen. Das Huhn häuten, entbeinen u. das Fleisch portionieren od. kleinschneiden. 60 g Fett u. 80 g Mehl anschwitzen u. mit Hühnerbrühe löschen, mit Eigelb legieren, Zitrone, Weißwein, Pr. Zucker zum Abschmecken. Pilze, Spargel u. Fleischklöße können dazu, Reis oder Kartoffeln.

Putensteak „Maharadscha"

4 Putensteak salzen u. pfeffern, in Mehl-Ei - Kokosraspel oder Mandelblättch. oder Paniermehl panieren u. 4-6 Min. von jeder Seite in Butter braten.
Currysoße mit Äpfeln S. 367
Kroketten oder Reis dazu, außerdem in Weißwein erhitzte Früchte wie Pfirsich, ananas oder Cocktailfrüchte, als Gemüse Pilze und Mais
auch Kroepök = Krabbenbrot schmeckt dazu. Etwas Besonderes!

Rinderschmorbraten

1½ - 2 kg Rinderbraten mit Senf, Salz u. Pfeffer würzen, mit Speckscheiben, Wurzeln u. Zwiebeln mit braun. Schale im Saftbräter 1½ Std. schmoren, dann ¼ l Wasser auffüllen, noch 1 Std. braten. Saure Sahne zur Soße.

Rindersauerbraten

1½ kg Rinderbraten 2 Tage marinieren in
1/4 l Rotwein, 1/4 l Essigwasser (1/3 Essig 2/3 Wasser)
2 Lorbeerbl., 2 Nelkenköpfe, 2 Pfefferkörner,
1 Stck. Sellerie, 1 Wurzel, etwas Salz. –
Abtrocknen, mit Salz einreiben, anbraten u. im Backofen im Saftbräter
2 Std. schmoren, nach 1 Std. 1/4 l Wasser
2 Scheiben Vollkornbrot und 2 EßL.
Tomatenketchup u. etwas Marinade
dazugeben.
Salzkartoffeln, Spaghetti oder Klöße
dazu essen, gestovetes Gemüse.

Das Glück lacht allen,

aber nur den wenigsten lacht es zu –
die meisten lacht es aus!

Sauerfleisch

von Frau Brunner v. Lindenhof

1 Schweinenacken 2 kg ca oder
2 kg Schweinerippe oder auch
2 kg Bauchfleisch z. B. für Schwarzsauer in folgender Flüssigkeit garen:
1 Fl. Kräuteressig von Kühne
1 Fl. Wasser, 1 Eßl. Salz, 3 Eßl. Zucker
1 Blatt Lorbeer, 1 Zwiebel, einige Piment-körner. Das Fleisch muß mit der Flüssigkeit bedeckt sein, dann ca 1½ - 2 Std. langsam im Sud gar-kochen. Fleisch herausnehmen u. die Brühe durchsieben u. 3 Tage das Fleisch darin liegen lassen.
Durch Säure, wie z. B. Essig, wird das Muskelfibrin = Myosin, im Fleisch zersetzt, d. h. es wird mürbe
Sauerfleisch ist gefriergeeignet!

Saure Rippe mit Bratkartoffeln oder gestowten Kartoffeln essen.
Sauerfleisch vom Nacken auch, oder als Sauerbraten zu verwerten.
Den Braten abtrocknen u. mit Schmalz oder Butter u. Zucker karamel-isieren lassen u. anbraten auch im Backofen; Zucker zum Bräunen überstreuen. Mit etwas saurer Brühe löschen u. die Soße event. mit Zucker abschmecken.
Den Braten ca 1 Std. schmoren.
Spaghetti in Butter, Salzkartoffeln u. gestowtes Gemüse S. 257 z. B. gestowte Rüben, dazu essen.

Ein guter Weg zur Gesundheit
ist der Fußweg.

Rouladen

4 Rouladen a 200g, salzen, pfeffern u. dünn mit Senf bestreichen.
4 hauchdünne Speckscheiben auflegen, mit gehackten Zwiebeln oder Porreeringen bestreuen, event. 1 Stck. Gurke mit einwickeln. Mit Rouladennadeln od. Zahnstochern befestigen, in Mehl wenden und anbraten u. in 1/2 l Wasser ca 2 1/2 Std. schmoren.
Sahne zum Abschmecken d. Soße, event. etwas Rotwein

Senfeier

4-8 hartgekochte Eier pellen,
1 Brühwurst erhitzen, wer es mag, kann Bauchfleisch garen, aus der Brühe u. Milch eine Senfsoße kochen.
Salzkartoffeln u. grünen Salat dazu.

Kohlrouladen

Weiß- oder Wirsingkohl in Salzwasser garen, die äußeren, angegarten, großen Blätter als Rouladenwickel verwerten, d. h. auf die Kohlblätter Frikadellenteig legen u. dann als Roulade aufwickeln. Um die Roulade sehr dünne Schinkenspeckscheiben wickeln, mit der Rouladennadel feststecken, in Mehl wenden u. in Schmalz anbraten. Mit Brühe oder Wasser auffüllen u. ca 1½ - 2 Std. garen. Soße binden, Schuß Sahne dazu. Den Rest Kohl als gestowtes Gemüse dazu reichen, Salzkartoffeln.

Gulasch

500g gem. Rinder- u. Schweinegulasch
40g Speck in □ zum Anbraten
2 Zwiebeln in □
Salz, Pfeffer, Paprika
1/2 l Brühe oder Wasser
alles ca 2 Std. schmoren
Sahne, Rotwein od. Madeira
zum Verfeinern, Pilze in d. Soße.
Nudeln od. Salzkartoffeln dazu.

Rippe, geschmort

750g dicke Rippe vom Schwein
salzen, pfeffern u. dünn mit Senf
bestreichen, im Saftbräter 2 Std.
braten, in der Halbzeit 2 Tassen
Wasser hinein, Lorbeer, Pfeffer,
Wacholder, Basilikum u. Nelken
event. 750g Wirsingkohl in Stücke dazu.

Schweinebraten

2 kg Schweinebraten, Schwarte in Rhomben schneiden, salzen, pfeffern würzen mit 1 Zwiebel, Wachholder, Nelken, Rosmarin, Lorbeer, Majoran. Im Saftbräter ca 2-3 Std. garen. 2 Tassen Wasser nach 1 Std. nachfüllen. Soße mit saurer Sahne binden

Kaßlerbraten

800 g Kaßler mit Senf u. Honig bepinseln, 200 g Zwiebeln, 1 Kl. Dose Tomaten kamm, 1/2 l Weißwein, Salz u. Pfeffer im Saftbräter 70-80 Min. garen od. Bratfolie. Bratkartoffeln od. Kartoffelsalat Remoulade, Salate.

Kaßler-Gemüsepfanne

750g geschälte, in Scheiben geschnittene Kartoffeln 5 Min. in Salzwasser vorkochen.

375g Zwiebeln oder Porree in Ringe
2 grüne Paprika in Streifen
750g Kaßler
Roastbeef ist auch geeignet, etwas salzen

Fleisch in eine gebutterte, feuerfeste Form, oder bei größeren Portionen die Fettauffangpfanne, legen. Ringsherum das Gemüse u. die Kartoffeln, 1/8 l Öl über alles verteilen, würzen u. 35 Min. 180° backen. 1 Dose Pilze u. 6 abgezogene, geviertelte Tomaten dazugeben u. noch 10 Min. garen. Petersilie überstreuen, grünen Salat dazu.

Kaßler überbacken

1 kg Kaßler in 1 cm dicke Scheiben schneiden und in eine gebutterte, feuerfeste Form legen, darauf 1 kg Thüringer Mett und 1 kg angedünstete Zwiebelringe verteilen. 1 gr. Dose geschnittene Champignons darauf u. einige Tomatenscheiben. 40 Min. 180° backen, dann mit grobgeriebenen Käse überstreuen u. noch 5 Min. backen. Brot oder Backofenpommes dazu.

Fietje und Tetje erzählen vom Urlaub. Fietje hat in Braunlage an der Ostsee Urlaub gemacht. Da sagt Tetje: „Braunlage liegt doch nicht an der Ostsee." „Och", meint Fietje „deshalb war das immer so weit zum Strand!"

Gefüllter Schweinenacken 8-10 Pers.

In 2½ kg Schweinenacken ohne Knochen eine Tasche schneiden und füllen.

Füllung: ½ kg Schweinehack
½ kg Pflaumen ohne Stein, event. Pilze, Salz, Pfeffer, Senf, Paniermehl, 2 Eier, alles gut vermengen, einfüllen und die Seiten gut zunähen. Den gefüllten Braten mit einer fertigen Würzmischung einreiben u. ca. 2½ Std. im Saftbräter mit Zwiebeln Wurzeln und etwas Öl im Bratofen schmoren. Nach 1½ Std. ca ½ l Wasser aufgießen und weiter garen. Die Soße mit einigen Pflaumen und Sahne verfeinern, oder man kocht die Pflaumen in einer Rotwein-Zuckerwasserlösung gar, dickt sie an u. reicht sie mit Mandelblättchen überstreut dazu. Rotwein als Getränk, Klöße oder Kartoffeln u. gestowtes Gemüse.
Mein Fernsehgericht in 3-Zeit am 25.9.199

Mit Genehmigung des NDR.
Foto: Frohwalt Strickert

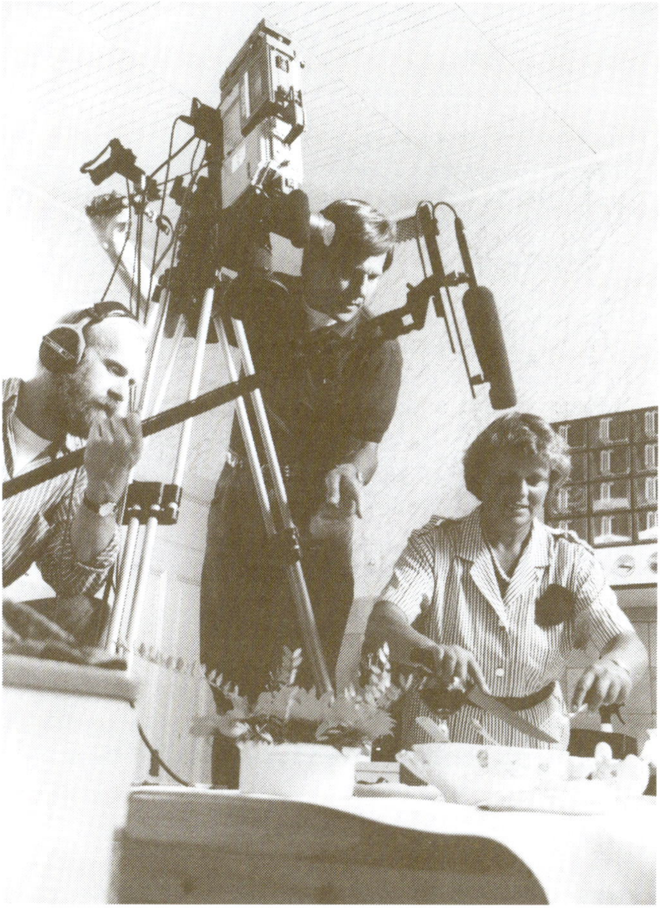

In der Burger Kirche gibt es den einzigen Altar auf dem Christi Worte auf Platt stehen: „Mien Good, mien Good, worüm hest Du mi verlaten?“ und Gottvater antwortet: „Ganz gewiß, dor kannst du di to verlaten, hüt noch warst du bi mi wesen int Paradies.“

Eisbein und Sauerkraut

Eisbein wie Schweinebraten S. 219
1 Dose Sauerkraut, 1 Eßl. Schmalz
1 Tasse Weißwein oder Apfelsaft
500 g Äpfel in Stücke, 2 Teel. Zucker
1 Zwiebel mit Lorbeer u. Nelken spicken
2 Wachholderbeeren. 20 Min. dünsten

Filet „Wellington"

1 Pck. Blätterteig (300 g)
4 Scheiben Filet pfeffern, anbraten, salzen
mit Kräuterbutter bestreichen.
Zwiebeln u. Pilze anbraten, mit etwas
Sherry löschen, erkaltet auf die Blätterteig
stücke verteilen, darauf Filet, aufrollen,
gut verschließen, mit Eigelb bepinseln
u. 20-30 Min. 200° backen, 10 Min.
ruhen lassen. Mit Sauce bearnaise
u. Chinakohlsalat servieren.

Fisch

Bisch, bisch, bisch,
morgen essen wir Fisch,
übermorgen Schweinebraten,
woll'n wir Dich zu Gaste laden!
Bisch, bisch, bisch,
morgen essen wir Fisch!

Aal in Gelee

2,5 kg grüne Aal (grün = roh)
1 l Kräuteressig } aufkochen mit
1 l Wasser } Salz, Zwiebeln
450 g Zucker } Pfefferkörnern u. Lorbeer,
abschmecken, dann den gewasch. u. portionierten Aal 20 Min. darin köcheln, nicht kochen. Eine Woche im Sud stehen lassen event. den Sud durchsieben u. mit Gelatine gelieren lassen.
1 l Brühe 10 Bl. Gelatine.
Aal in Sauer schmecken gut zu Bratkartoffeln oder auf Schwarzbrot

Heringe in Gelee nur 15 Min. garen.

Bratheringe

1,5 kg grüne Heringe vorbereiten, mit Zitrone säuern, event. das Innere mit Senf bestreichen, dann in einer Mischung aus Mehl, Paniermehl und 2 Teel. Salz wenden u. in ausgelassenen Speckwürfeln ca 10 Min. von beiden Seiten krosch braten, dazu Salzkartoffeln u. Petersiliensoße, Wurzelsalat!

Bratheringe in Sauer

wie oben zubereiten und garen.
3 Zwiebeln in Ringe schneiden u. mit den Heringen in eine Schüssel legen.
3/8 l Essig mit 1/4 l Wasser, Lorbeer, Pfeffer Salz u. Zucker aufkochen u. über die Heringe gießen. 1 Woche haltbar
Lecker zu Bratkartoffeln.

Fisch, gekocht

wie Dorsch, Makrele, Butt u. Heringe, Fischfilet vorbereiten, 1½ l Salzwasser mit Lorbeer, Pfeffer und Essig kochen, ca 15-20 Min., mit Salzkartoffeln, Petersiliensoße zu Hering u. Butt, Senfsoße zu Dorsch u. Filet und Petersilienbuttersauce zu Makrelen essen. Salat dazu.

Fisch, gebraten

Pro Person 250-350g Fisch berechnen, nach dem 4S-System (säubern, säuern, stehenlassen, salzen) zubereiten, mit Zitronensaft säuern, Fisch in Mehl u. 2 Teel. Salz wenden u. in Speckwürfel anbraten, ca 15-20 Min. Fischfilet erst in Mehl, dann in Ei, dann in Paniermehl.

Fischfilet in Weinsoße

1 kg Fischfilet säubern, säuern mit Zitrone, stehenlassen ca 30 Min, salzen, in Fett anbraten u. garen in folg. Soße:

1/4 l Brühe
200g Doppelrahm Frischkäse
Saft 1/2 Zitrone, Pfeffer } aufkochen, dann den Fisch bezw. Filet 15 Min. darin garen.

Mit Weißwein abschmecken
Reis dazu kochen (2 Beutel)

Fischfilet auf der Platte

750g Fischfilet wie oben vorbereiten, pfeffern
1 gehackte Zwiebel u. 100g Speck in □ anbraten
3 Tomaten in Scheiben, 125g Käse in □
Jenaerglasplatte fetten, Filet einlegen, darauf Speck- u. Zwiebelwürfel, Tomatenscheiben u. Käse obenauf, würzen?
30 Min. 180°   2 Beutel Reis dazu essen.

Ostsee - Fischertopf

3 Zwiebel in Ringe schneiden u. in Butter goldgelb rösten, dann 1 kg gemischtes Gemüse in □ geschnitten dazu geben, kurz anbraten, dann mit 1 l Fleischbrühe (Würfel) löschen u. 20 Min. kochen. Event. auch Räucherfisch.
800 g Fischfilet nach dem 4S-System vorbereiten s. S. 11 in Würfel schneiden u. 15 Min. in der Brühe garen.
Es kann verschied. Filet sein.
Mit Zitrone, Wein, Tobasco, Salz u. Pfeffer abschmecken.
Ausgebratene Speckwürfel vordem Servieren darüber geben.
Mit Salzkartoffeln oder als Suppe essen, dann 1 Beutel Reis dazu.

Fischfrikadellen

500g Fischfilet oder Dorsch garen, zerpflücken oder durch den Fleischwolf drehen. 1 fein gehackte Zwiebel, 1 Ei, Salz, Pfeffer, 1 gehäufter Eßl. Paniermehl 2 Eßl. Öl, alles gut vermengen u. zu Frikadellen formen. Speckwürfel ausbraten zum Anbraten d. Klopse. Salzkartoffeln u. Senfsoße oder Kartoffelsalat, Wurzelsalat.

Gedünsteter Dorsch auf der Platte

Dorsch nach dem 4S-System vorbereiten Kiemen u. Augen entfernen, rohe Kartoff. unter den Kopf legen auf einer Jenaer Platte. Den ganzen Fisch mit Senf, Tomatenmark u. Zwiebelringen würzen, Salz von innen. 35 Min. 180° garen, Salzkartoffeln, Salat u. Soße von der Platte dazu.

Labskaus

Ein uraltes Seemannsgericht, der Name kommt aus dem Englischen: lob's course (lob = deftiger Mann u. course = Speisefolge) Norwegische Seeleute verballhornten die engl. Bedeutung in Labskaus.

Rezept:

500g Pökelfleisch vom Rind
200g " vom Schwein u.
2 Lorbeerblätter, 1 Zwiebel, 5 Pfefferkörner, Salz in 1l Wasser garen, das Fleisch durchdrehen, ebenso 4 Zwiebeln, 1kg Pellkartoffeln, das Durchgedrehte in Schmalz mit 2 zerkleinerten Matjesfilet anbraten. 500g geraspelte Rote Bete untermengen u. alles mit der Brühe auffüllen, abschmecken mit Muskat,

Zucker u. Pfeffer, Gewürzgurken u. Äpfel in □ können noch dazu, das ganze sämig durchkochen, event. ohne Rote Bete, diese als Garnierung wie auch Rollmops u. Spiegelei u. Salzgurke als Fächer geschnitten auf den Teller legen.

In die Mitte des auf dem Teller aufgehäuften Labskaus wird eine Delle gedrückt, die mit einem Eßl. Rum gefüllt wird.

Gut verdau's, lieber Labs, nun kau's!

Pochierter Lachs

Lachs ausnehmen, abspülen und filitieren, d. h. die Gräte entfernen: vom Kopf zum Schwanz mit einem scharfen Messer über die Hauptgräte ziehen. Dann die Fischhaut entfernen, die Haut liegt auf der Tischplatte und wird vom Schwanzende entfernt, das Messer etwas schräg halten. Die innere schwarze Haut entfernen.
Lachs portionieren ca 1½ cm dicke, schräggeschnittene Scheiben schneiden. (lassen sich gut einfrieren, dabei die Scheiben nebeneinander legen)
Ein vorzügliches Essen für besondere Anlässe. Dazu gebutterte Dillkartoffeln, Sauce hollandaise mit Sahnehaube, Stangenspargel, Selleriesalat, Fenchel und Tomaten

pochierter Lachs:
Butter u. feingehackte Zwiebel in der Pfanne dünsten, 3 Pfefferkörner, 1/2 Lorbeerblatt, das Fett darf nicht zu heiß werden.
Die Lachsscheiben hineinlegen u. mit einer 1/2 Tasse halbtrockenen Wein löschen.
1 Tasse Wasser hinzu, Salz, Miniprise Fondor v. Liebig, mit einer gebutterten Allufolie abdecken, kurz aufkochen lassen, ca 2-3 Min, dann noch 5 Min. in den heißen Backofen 180° Umluft.
In der Fettauffangpfanne oder Jenaer Platte Lachs mit Soße u. Dill garen. (5 Min)
Der Lachs darf nicht austrocknen, Folie.
Wird der Lachs 2 x serviert, dann den Lachs erneut zubereiten, da er sonst austrocknet.
Wein zum Essen servieren.

Graverd Lachs

eine nordische Spezialität. Der Lachs wurde von den Fischern mit Kräutern u. Gewürzen in der Erde vergraben – graverd – u. so gegart.
Graverd Lachs ist ein gebeizter Lachs u. ca 4 Tage haltbar. Er muß frisch sein.
1 kg Lachs entgräten, Haut nicht abziehen, die kleinen Gräten mit der Pinzette herausziehen. Bauchlappen abschneiden (Fischsuppe)
4-5 Teel. grobes Salz, 2 Teel. grob. Zucker
je 1 Teel. Pfeffer, Wachholder, Piment,
2-3 Bund Dill. Den Lachs von innen damit einreiben u. fest zusammen klappen u. in Klarsichtfolie einwickeln, mit Steinen beschweren, alle 12 Std. wenden.
48 Std. beizen, Makrelen 36 Std. beizen.
Meterbrot u. Cocktailsoße, pikant.

Geräucherter Lachs

Geräucherten Lachs im Stück kaufen und in dünne Scheiben am Tisch abschneiden auf einem Holzbrett oder Marmorplatte.
Toastbrot, Butter, Zitronenachtel Meerrettich und Apfelsahne
Köstlich und schnell zubereitet.
Geräucherter Lachs ist gefriergeeignet.

Geräucherte Forelle

Geräuchte Forelle filieren u. dann wie oben-Zutaten-servieren.
Preiselbeersahne dazu
Salatblatt u. Tomatenachtel als Dekor. Lecker!

Wer nicht genießt, ist ungenießbar!

Muscheln im Weinsud

Pro Person 1kg Muscheln, am besten vorgewaschene kaufen, da dann das viele Wässern, Schrubben und Abzupfen der Bärte entfällt. Rohe, geöffnete Muscheln sind ungenießbar, gekochte, geschlossene ebenfalls.

6 kg Miesmuscheln spülen
400 g Zwiebelringe u. 4 Stg. Porree zu Ringen
500 g Wurzelscheiben, 4 Knoblauch in Scheib.
3 Lorbeerblätter, 1 Teel. Thymian,
6 Eßl. Öl, 1 Fl. Weißwein

Außer Muscheln u. Wein alles in Öl andünsten, dann den Wein hinzu u. alles 10 Min. dünsten. Den Sud teilen u. auf 2 Töpfe mit je 5 l Wasser verteilen, erhitzen, Muscheln zugeben u. zugedeckt ca 12 Min. dünsten bis alle Muscheln geöffnet sind.

Der Sud darf nicht kochen, da bei groß. Hitze das Eiweiß der Muscheln gerinnt u. die Schalen verkleben. Muscheln, die jetzt noch geschlossen sind, aussortier. Die Muscheln im Topf während des Garens öfter schwenken, damit alle im Sud garen. Mit der Flüssigkeit auf tiefen Tellern servieren. Wein, Zitronenachteln und knuspr. Stangenweißbrot dazureichen.

Zwischen heut' und morgen
liegt eine lange Frist;
lerne schnell besorgen,
da Du noch munter bist!

Karpfen blau

Fehmarnscher oder Holsteiner Spiegelkarpfen, pro Person 500g, darf nicht geschuppt werden. Den Karpfen schlachten, ausnehmen u. portionieren, Kopf u. Mittelstück teilen, dann alle Stücke lauwarm abspülen, innen mehr auswaschen. Die Schleimhaut darf nicht verletzt werden, sie wird blau, wenn die Stücke jetzt in konzentriertes Essigwasser gelegt werden, dann nebeneinander auf eine Fettauffangpfanne legen, sie färben sich blau.
Das kochende Wasser wurde pro l mit 40 g gesalzen u. eine kleine Handvoll Salz für „den Topf". Keine weiteren Gewürze. Die Karpfen ca 20 Min. ziehen lassen bis sich die Haupt-

flosse herausziehen läßt.
Den Karpfen jetzt auf eine große Platte, die mit einer Stoffserviette ausgelegt ist, legen und servieren.
Was gibt es dazu?
Kleine, rundgeschälte Salzkartoffeln, sehr heiße Butter, geriebenen Meerrettich, Schlagsahne mit einer Prise Zucker u. Salz, Zitronenachtel, Wein dazu, denn „Fisch will schwimmen" sagt man, und zwar 3x zum ersten in Wasser, dann in Butter u. zum 3x in Wein, Zur Verdauung des Fischeiweißes sind hydrolytische Enzyme notwendig.

__Aal blau__, wie Karpfen blau garen in Salzwasser, mit Lorbeer, Pfefferkörnern, Zwiebel, Dill.

Eingelegte „Saure Heringe"

2 kg grüne Heringe ausnehmen, waschen, dann 24 Std. in 1/2 l verdünnten Essig legen. 7 Pfefferkörner, 125 g Salz, 60 g Zucker, 2 Zwiebeln in Ringe, 2 Lorbeerblätter, alles mischen und die Heringe ohne Essig abwechselnd mit dieser Gewürzmischung in ein Weckglas schichten. Fertig! Schmecken schon nach 2 Tagen gut zu Bratkartoffeln. 14 Tage im Kühlschrank haltbar.

Wildbraten

Den Wildbraten 1 Nacht in Buttermilch oder Essigwasser marinieren. Enthäuten, trocknen, salzen, pfeffern, in geräuchertem Speck anbraten, dann mit Zwiebeln, Wurzeln, Thymian, Lorbeer, Zucker, Wacholder, Majoran u. etwas Tomatenmark schmoren. Brühwürfel, saure Sahne und Rotwein zum Abschmecken der Soße.

Eintopf

Lieber einmal warm essen,
als zweimal kalt duschen!

Erbse, Bohne, Linse,
wie man se kocht, so sin se.

Birnen, Bohnen und Speck

500g durchwachs. Speck }
1/2 l Wasser u. Salz } 1 Std. garen
1000g Bohnen hinzu u. noch 40 Min. kochen, 500g kleine Birnen waschen u. mitgaren
750g geschälte Kartoffeln extra kochen, gehackte Petersilie, Flüssigkeit event. mit Mehl binden.

Wurzeln und Schweinebauch

1/2 l Wasser oder Brühe }
1kg Schweinebauch in □ } 1 1/2 Std.
1kg Wurzeln in Scheiben } garen
Salz
Mehl zum Binden, Petersilie
Kartoffeln dazu essen!

Pichelsteiner Eintopf

375 g Schweinefleisch in □
375 g Wurzeln in Scheiben
125 g Sellerie in □
375 g Bohnen oder Wirsingkohl
125 g Porree in Ringe
750 g Kartoffeln in Stücke schneiden
1/2 l Wasser auffüllen und 1½ Std. garen, mit Salz u. Basilikum abschmecken, reichlich Petersilie

Sauerkrauttopf u. Salzkartoffeln

500 g Schweinenacken in □
500 g Zwiebelringe
3 Eßl. Öl zum Anbraten
1 l Brühe zum Auffüllen u. 1 Std. garen
1 kl. Dose Tomatenmark, Salz, Pfeffer, Paprika
1 kg Sauerkraut 20 Min. mitgaren
1/8 l saure Sahne zuletzt hinzufügen.

Steckrüben und Schweinefleisch

750 g Schweinenacken in □ oder Scheiben
anbraten, 250 g Zwiebelringe dazu,
750 g Steckrüben in dünne Scheiben
Salz, Pfeffer, Curry, mit 1/4 l Brühe
auffüllen u. gut 1 Std. garen.
100 g durchwachs. Speck in □ auslassen
u. mit 50 g Salzmandeln über den
Eintopf streuen.
Reis oder Salzkartoffeln dazu essen.

Tomaten-Bohnengemüse mit Reis

250 g Bauchspeck od. Kaßler Bauch in □
125 g fetten Speck in □, beides anbraten u.
2 Zwiebel gehackt dazu geben, 1 Glas Bohnen
1 kl. Dose Tomaten u. ½ Fl. Zigeunersoße
hinzugeben, würzen mit Salz, Brühwürfel
u. Tabasco. 30 Min. garen u. mit
2 Beutel Reis essen. Schnelles Gericht!

Bohnengulasch

500g Gulasch anbraten mit 3 Zwiebeln
Salz, Paprika
1/2 l Brühe dazu geben u. 1 Std. garen
dann 500g grüne Bohnen dazu tun
u. noch 40 Min. kochen, andicken
u. mit saurer Sahne abschmecken.
Salzkartoffeln dazu essen.

Holsteiner Schweineragout

375g Backpflaumen 1 Nacht einweichen
500g Schweinenacken in ▫ in Öl anbraten, würzen mit Salz u. Pfeffer u.
1 Tasse Wasser u. 3/4 l herber Weißwein
zugießen, 1 Brühwürfel hinzu u. 45 Min.
garen, 1 Eßl. Weinessig, 1/2 Teel. Zucker,
Tabasco u. Worcester, die Backpflaumen
noch 10 Min. mitgaren.
Salzkartoffeln u. Kohlrabi dazu.

Dicke Grütze

1 l Wasser kochen, darin 1 kg Schweine-
bauch oder Schweinebacke darin garen,
250 g Gerstengrütze, die 1 Nacht in
Wasser gequollen ist, noch 1 Std.
mitgaren, umrühren, salzen.
Den Speck in 1 cm dicke Scheiben schneiden
u. getrennt zur Grütze u. Milch oder
Saft oder Bier mit etwas Zuckerwasser
gesüßt, essen. Dazu Vollkornbrot, auf
welches der Speck gelegt wird.
Das alte, fehmarnsche Gericht wird
aus Suppentellern gegessen, Brot und
Speck auf einem Holzbrett daneben.
Den Rest Grütze kann man am nächsten
Tag mit Milch durchkochen u. mit
Salz abgeschmeckt, als Suppe essen.
Als Kind mochte ich keine dicke Grütze,
heute biete ich sie sogar Freunden an.

Gurkeneintopf

500g feste, grüne Gurken schälen u. entkernen, dann in ½ cm dicke Streifen schneiden, dazu 1 Wurzel in Scheiben, 1 Stg. Porree in Ringe 1 Zwiebel in □ mit 50g Schinkenspeck anbraten u. mit ¼ l Brühe löschen, dann das Gemüse dazu würzen mit Muskat, Majoran, Salz u. Cayenne Pfeffer
Fleischbällchen aus 500g Schweinemett formen u. im Gemüse mitgaren.
Grobes Brot oder Salzkartoffeln dazu essen.

Es schmeckt!

Grünkohl

Grünkohl von den Stielen befreien, öfter waschen u. im Kochtopf zusammenfallen lassen, ohne Wasser kurz erhitzen. Dann den Kohl grob oder fein schneiden.
1 Kaßler Backe mit 1 l Wasser 1 Std. kochen, Kohl dazu u. 2 Std. garen. Mit Salz u. Zucker abschmecken
1 kg Kaßler Rippenspeer im Kohl oder in der Bratröhre 1 Std. garen.
4 Kohlwürste im Kohl mit erhitzen.
Kleine Pellkartoffeln im Ganzen in Fett und 200 g Zucker karamelisieren u. braten. Erst Fett erhitzen, dann Zucker dazu.
Senf und Zucker mit auf den Tisch stellen.
1 Gläschen Schnaps zur Verdauung kann nicht schaden.

Süße Kaßler Backe

von Annedore Wohler

schmeckt ausgezeichnet zu Grünkohl.
1 Kaßler Backe in 1 l Wasser
2 Std. kochen, dann die
Schwarte abziehen und die
noch warme Backe gleich
mit 2 Scheiben Brandt Zwieback,
mit der Backrolle zerbröseln,
u. mit 1 Eßl. Zucker vermischt,
bestreuen. Kalt am nächsten
Tag zum Grünkohl reichen.
Die Brühe zum Grünkohlkochen
verwerten.
Schmeckt auch auf Brot!

Nachspeise beim Grünkohlessen:
Rosenschaum u. Vanillecreme,

Kohleintopf

1 kg Bauchfleisch od. Schweinerippe
Rindfleisch oder Lammfleisch in
gut 1/2 l Wasser 1 Std. kochen, dann
1 Kopf Weißkohl feingeraspelt
dazu u. noch 2 Std. kochen,
Salz u. Pfeffer u. Kümmel dazu,
1 Std. noch die geschälten Kartof-
feln mitgaren, auf den Kohl legen.
Etwas salzen, falls kleine, ganze
Birnen mitgegart werden, diese dann
auch einlegen.
Senf und Essig mit auf den Tisch
stellen.

Resteverwertung: Kohl mit Milch u. Sahne
durchkochen, Bratkartoffeln dazu.

Kohl, Kohl, meines Herzen's Wohl,
davon man besonders schwärmt,
wenn er wieder aufgewärmt.

Wirsingkohleintopf

300g durchw. Speck
500g Querrippe
1 l Fleischbrühe (Würfel)
Salz u. Pfeffer
} 90 Min. garen, dann

Speck u. Fleisch □ (würfeln)
1½ kg Wirsing klein schneiden
250g Wurzeln in Scheiben u. alles
mit der Brühe noch 45 Min. kochen.
Salzkartoffeln dazu essen.
Wer es möchte, kann den Eintopf
mit Essig auf seinem Teller säuern.

In Klaustorf wird ein Turm
gebaut von Buttermilch und
Sauerkraut!

Die Kinderhände werden im
raschen Wechsel übereinander
auf den Tisch gelegt!

Gefüllte Zucchini

2-4 Zucchini 10-15 Min. vorkochen, dann der Länge nach durchschneiden, Kerne entfernen, etwas Fruchtfleisch mit
125 g Doppelrahmfrischkäse u.
1 gehackt. Zwiebel, Salz u. Pfeffer mischen u. die Zucchinihälften füllen, in eine Auflaufform legen u. mit saurer Sahne begeeßen. 15 Min. 180° garen.
Brat- oder Salzkartoffeln dazu essen.

Zucchini mit Tomaten

ca 800 g Zucchini
500 g Tomaten
250 g Zwiebeln

} in Scheiben schneiden, salzen, pfeffern u. ölen, dann in eine Auflaufform schichten u. mit 1 Tasse Wein und
½ Tasse Brühe begeißen
60 Min. 180° mit Deckel garen. Brat o. Salzkartoffeln dazu reichen.
Zucchini sind sehr vitaminreich.
" scheiben über Bratkartoffeln, 5 Min. dünsten

Salate – Gemüse

„Was der Bauer nicht kennt,
daß ißt er nicht"

Cocktails

Glasiertes Gemüse

6 Eßl. Öl erhitzen, 6 Eßl. Zucker hinzu und hellgelb werden lassen.
1/4 l Brühe hinzu und aufkochen, Salz und Pfeffer und das gegarte Gemüse z. B. Zwiebeln darin wenden.

Porree in Sahne

Porreestangen in Salzwasser oder Wein garen, etwas Zucker, Lorbeer u. Salz, 20 Min. kochen. Die Flüssigkeit verkocht fast.
1 Becher saure Sahne mit 2 Eigelb u. Salz verrühren u. über das Gemüse geben, 5 Min. ziehen lassen

Sahne - Kartoffeln

Rohe Kartoffeln in dünne Scheiben schneiden und hochkant in eine Auflaufform schichten.
1 1/2 Becher süße Sahne mit Brühwürfel, Pfeffer, Muskat erwärmen u. abschmecken, dann über die Kartoffeln gießen. 60 Min. 180°

Gestowtes Gemüse

Gestowt ist niederdeutsch und bedeutet gedämpft.
Es eignen sich Steckrüben, Kohlrabi, Bohnen, Weißkohl, Spargel u.s.w.
Das kleingeschnittene Gemüse wird in ½ l Salzwasser mit 1 Teel. Zucker ca 30 Min. gegart, dann abtropfen lassen.
Etwas Gemüsewasser für die helle Soße zurücklassen.
50 g Butter mit 50 g Mehl anschwitzen u. Milch u. Gemüsewasser, zusammen ½ l, dazu geißen, mit Salz u. Zucker u. Muskat abschmeck.
Schuß Sahne verfeinert die Soße.
Gemüse unterrühren.
Zu Bratwurst, Frikadellen, Sauer- und Hahnbraten, Schinken.

Erbsen und Wurzeln

und Spargel, dann ist es

Leipziger Allerlei

1 kg Erbsen auspahlen od. aus d. Dose
500 g Wurzeln vorbe. u. dann in Scheiben.
1/2 l Wasser salzen und zuckern
15-20 Min. das Gemüse darin garen.
60 g Butter mit 50 g Mehl mit der
Gabel zu einem Mehlkloß verarbeiten,
diesen dann an das Gemüse tun
und aufkochen, rühren.
Mit reichlich Petersilie und flüssiger
heißer Butter zu Salzkartoffeln u.
Schinken u.s.w. essen.

Den Butterball kann man auch für
Pilze, Karotten und Suppen zum
Andicken nehmen.

Stangenspargel

pro Person rechnet man 500g Spargel, aus der Schale Suppe kochen. S. Spargel von oben nach unten schälen u. in 1/4 l Wasser mit Salz, Zucker u. einem Stück Butter 20 Min. garen. Gut abtropfen lassen und mit heißer Butter oder Sauce hollandaise oder heller Schwitze, siehe gestowtes Gemüse, essen oder mit

Schinkenmayonnaise:

125 g Mayonnaise
125 g geschlagene Sahne
Zitronensaft, Worcester, Salz + Zucker
200 g feingewürfelter Schinken
2 gehackte Eiweiß oder ganze Eier
zu Spargel mit Toast- u. Weißbrot

Diät für ältere Herren = junges Gemüse!

Tomaten, überbacken

4-6 Tomaten in kochendes Wasser tauchen, oben die Haut dann kreuzweise einritzen u. die Haut hochziehen, mit flüssiger Butter bestreichen, salzen u. pfeffern u. mit Parmesan bestreuen. 10-15 Min. 180° in der Auflaufform im Backofen überbacken.
Geeignet für Gemüseplatte, zu Filet + Lamm.

Pilze

Speckwürfel auslassen, gehackte Zwiebeln hinzu, dann ganze oder geschnittene Pilze u. alles 10 Min. schmoren, etwas Mehl überstäuben u. schütteln, dann mit Brühe oder Sahne u. etwas Wein abschmecken, Salz, Pfeffer, Zucker, Fondor.

Fenchel-Tomaten-Gemüse

750 g kleine Fenchelknollen halbieren
u. in kochendem Salzwasser oder Brühe
mit trocken. Weißwein 12 Min. garen.
Brühe als Suppengrundlage verwenden.
4 Tomaten halbieren
Kräuterbutter in einer feuerfesten Form
schmelzen, Tomaten mit der Schnittflä-
che nach oben u. die Fenchel in die
Form setzen. Tiefkühlkräuter u.
Butterflöckchen und 150 g Mozzarella-
Käse in □ überstreuen.
15 Min. 180° gratinieren.
Fenchelgrün überstreuen.
geeignet als Gemüse zum gek. Lachs,
Schweine-, Rinder- u. Lammbraten.

Nicht jeder, der redet, sagt etwas!

Chinakohlsalat

1 Chinakohl in sehr feine Streifen schneiden, Mandarinen, Ananasschnitzel, Apfelstücke mischen. Geschlagene süße Sahne mit Salz, Zucker und Zitrone abschmecken. Kurz vor dem Servieren mit dem Gemüse u. Obst vermengen. Paßt fast zu jedem Essen. Reicht ein halber Kopf, legt man die andere Hälfte für einige Tage in die Tubberschüssel, diese in d. Kühlschrank.

Wurzelsalat

1/3 Äpfel } beides fein raspeln
2/3 Wurzeln } u. mit Zitrone marinieren.

Mit Öl, Salz u. Zucker abschmecken. Petersilie, zu Fischgerichten.

Wurzel - Porreesalat

150 g feingeraspelte Porreeringe
300 g " Wurzeln
10 g grobgehackte Walnüsse
250 g Yoghurt
2 Eßl. Sonnenblumenöl
1/2 Teel. Senf, 1 Teel. Honig, Salz u. Kräuter

Wurzelsalat mit Sahne

500 g feingeraspelte Wurzeln
1 Apfel } schälen u. klein-
1 Orange } schneiden
2 Eßl. Rosinen
1 Eßl. gehackte Mandeln, Petersilie
250 g saure Sahne, Salz, Pfeffer u. Zucker

Wichtig:
Wurzeln enthalten die fettlöslichen Vitamine A u. D, daher immer Öl oder Sahne an die Salate.

Porreesalat

500g Porree sehr fein raspeln, Ringe.
2 Äpfel, 2 Scheiben Ananas od. Stücke
1 Glas Selleriesalat

100g Quark 5 Eßl. Mayonnaise Pfeffer, Salz, Ananasaft	} gut verrühren

1 Std. durchziehen lassen. Gut!

Sauerkrautsalat

400g Sauerkraut feinschneiden
125g blaue u. grüne Weintrauben halbieren
125g Mandarinen a. d. Dose
2 geraspelte Äpfel
1/8 l geschlagene Sahne mit Zitrone, Zucker u. Salz abschmecken.
nach Geschmack etwas Meerrettich?
alles mischen u. durchziehen lassen.

Fehm. Butterwirsing

4 kleine Wirsingkohlköpfe ca 30 Min. in Salzwasser kochen, gut ab-tropfen lassen u. mit heißer Butter mit 2 Eßl. Paniermehl gebräunt, darübergießen. Delikat!

Rotkohl

1 kg Rotkohl dünn raspeln
500 g geschälte und geviertelte Äpfel
1 Zwiebel mit Lorbeer u. Nelken be-spicken, Salz, Zucker, Butter
1/2 Fl. Apfelsaft, etwas Rotwein kann dazu, alles ca 2 Std. garen, abschmecken.
Mit in Zucker-Zitronenwasser ge-dünsteten Apfelringen kurz dünsten, nicht garen.

Kohlsalat von Anke

Weißkohl fein raspeln, Prise Salz,
1 Eßl. Honig u. 1 Zitronensaft im
Wasserbad flüssig rühren,
1 kleine Dose Mandarinen oder andere
Früchte wie Bananen, Äpfel od. Cocktail-
früchte aus der Dose untermischen.
Gut durchziehen lassen.
Lecker und gesund.

Rotkohlsalat

400 g Rotkohl fein raspeln u. marinieren
in 2 Eßl. Zitronensaft, 1 Eßl. Honig,
2-4 Eßl. Öl, ½ Teel. Zucker, Pfeffer, Salz,
Saft einer Apfelsine.
30 g Rosinen nach Geschmack
1 Apfelsine, 1 Banane u. 1 Apfel in
Scheibchen oder Würfel untermengen.
Gut durchziehen lassen!

Selleriesalat v. Doris

1 Sellerie putzen u. mittelfein raspeln, sofort mit Zitronensaft beträufeln.
3 Äpfel schälen u. raspeln u. gleich untermengen.
1/4 l geschlagene Sahne mit etwas Zucker süßen.
Gehackte Nüsse überstreuen.
Erfrischend und gesund!

Waldorfsalat

1 Sellerie roh oder gekocht raspeln
2-3 Äpfel raspeln
1 kl. Dose Ananasstücke
Mayonnaise mit Schlagsahne u. Zitrone u. Ananassaft abschmekken, gehackte Walnüsse untermischen u. überstreuen.

Gemüsesalat

250g junge Pellkartoffeln in Scheiben schneid.
2 Eßl. Olivenöl darüber geben
175g Zucchini in dünne Scheiben
175g grüne Bohnen garkochen, in Stücke
1 gehackte Zwiebel
1 Kopf Salat gezupft in eine Schüssel,
dann die restlichen Gemüse u. Kart.
leicht gemischt darauf u. mit
einer Kräutersoße begießen.
2 hartgekochte Eigelb zerdrücken u. mit
2 Eßl. Sahne, 2 Eßl. Öl, 2 Eßl. Weinessig
Salz u. Pfeffer vermischen.
1 Eßl. Schnittlauch u. Dill u. Estragon über den Salat streuen, dann
vorsichtig mit der Kräutersoße vermengen.
Sommersalat zum Grillabend.

Käsesalat

800g Kartoffeln mit 1 Eßl. Kümmel u. Salz
kochen, pellen u. in Scheiben schneiden.

2 Becher saure Sahne
1/8 l Milch } verrühren
Pfeffer, edelsüß Paprika, Salz

3 Zwiebeln in hauchdünne Ringe schneiden
je 150g Edamer-, Emmentaler- u. Chester-
käse in □ (Würfel) schneiden,
Schnittlauchröllchen
alles mischen u. 30 Min. durchziehen lassen.
Mit Eiern u. Tomaten garnieren.
Tomatensalat dazu reichen.

Farmersalat

1 Glas Wurzelsalat u. 1 Glas Selleriesalat
1 Becher saure Sahne, 1/2 Zitrone
1 Zwiebel in □, Salz, Pfeffer, Zucker
Dill schaumig schlagen, dann den
abgetropften Salat untermischen.

Reissalat von Jutta Kallweit

125g Langkornreis garkochen
125g Mayonnaise
1 Eßl. Sojasoße, 1 gehackte Zwiebel
Salz
2 Paprikaschoten in □
125g gekochter Schinken in □
1 kl. Dose Mandarinen
alles mischen u. gut durch-
ziehen lassen!

Fleischsalat von Hilde Schütt

250g Fleischsalat
1 kl. Dose Mais
1 kl. Glas Pußtasalat ohne Flüssigkeit
alles mischen, dazu Toastbrot
Erfrischend u. bekömmlich,
ein schnelles Abendgericht.

Eiersalat

6 hartgekochte Eier in Scheiben
1 kl. Dose geschnitt. Champignons
125g gekochter Schinken in □
1 kl. Dose Spargel
1 kl. Dose Mandarinen
alles vorsichtig mischen u. mit
einer Salatsauce übergießen:
3 Eßl. Mayonnaise
1 Becher Creme fraiche, Mandarinensaft,
Salz, Zucker, Tobasco, Kräuter,
Toastbrot dazu
oder die gleiche Salatsauce mit
6 hartgekochten Eiern in Scheiben
125 g Schinken in Streifen
2 - 3 säuerliche Äpfel in □.
dann ist es ein

Eierapfelsalat

Bauernsalat

Eissalat waschen und grob zerkleinern
2 Eßl. Öl, 2 Eßl. Essig, 2 Zwiebeln in □
Salz u. Pfeffer zum Marinieren.
200g durchwachs. Speck in □ in der Pfanne glasig werden lassen u. kurz vor dem Servieren über den Salat geben.

Bohnensalat

750g grüne oder Wachsbohnen brechen u. in Salzwasser garen, zum Abkühlen in Eiswasser legen, Farbe bleibt dann besser erhalten, dann in eine Essigmarinade legen, gehackte Zwiebeln dazu geben u. kurz vor dem Servieren 200g ausgelassenen Speck in □ darüber geben.
Petersilie.
Gut zu gebratenem Fisch.

Wurstsalat

300 g Fleischwurst in □
2 saure Gurken in □
2 gehackte Zwiebeln
2 Äpfel in □
1 Glas Pilze geschnitten dann
alles in Öl, Gurkensaft, Pfeffer u. Salz
u. etwas Zitrone, Prise Zucker
marinieren. Zu Vollkornbrot.

Fischsalat

250 g Fischfilet garen u. in Stücke
3 Äpfel in □
2 Apfelsinen in □
2 Tomaten in □
2 Bananen in Scheiben
alles in 2 Zitronensaft marinieren
dann 125 g Mayonnaise über-
gießen u. abschmecken. Toast

Krabbensalat

250g Krabbenfleisch mit Zitrone beträufeln, 250g Pilze, 1 Dose Spargelstücke, 1 kl. Dose Ananasstücke Salz, Zitrone u. Mayonnaise, alles gut mischen, Toastbrot dazu.

Krabbencocktail

Zutaten wie oben auf Salatblättern, in Streifen geschnitten, in Gläsern anrichten, dann mit der Cocktailsauce begießen. S. 368

Matjescocktail

Cocktailgläser mit feinen Salatstreifen auslegen, milden Matjes darauf, gehackt. Zwiebel u. säuerliche Apfelwürfel alles mit Zitrone beträufeln u. darüber die Cocktailsoße. Toast u. Butter dazu.

Nixenkußcocktail

250g Mayonnaise }
1/4 l süße Sahne } verrühren
8 Matjesfilet in 2cm breite Streifen
1 kl. Dose Ananasstücke
1 kl. Dose geschnitt. Pilze
alles mischen und 1Std. durchziehen lassen, dann mit Brötchen oder Toastbrot u. Butter essen.

Bunter Cocktail

2 Bananen in Scheiben mit Zitronensaft beträufeln, 4 Tomaten, das Fleisch in Streifen, leicht pfeffern u. salzen, 50g gehackte Nüsse, 100g gekochter Schinken in □, Salat in feinen Streifen in die Gläser legen, gemischter Salat darauf, u. mit 2 Ecken Sahnekäse u. 5 Eßl. Milch verrührt übergießen.

Spargelsalat

250g gekochte Spargelstücke
100g Hühnerfleisch in □
2 Eßl. Ananasschnitzel
2 hartgekochte Eier in Achtelstücke
Mayonnaise mit Salz, Zucker, Zitrone
Ananassaft geschmeidig rühren.
Toastbrot und Butter dazu reichen.

Mayonnaise = aus der Stadt Mahón auf Minorka stammende kalte, pikante, dicke Soße auf der Basis von Eigelb und Öl.

Auf die Meinung, ein Mann sei so alt wie er sich fühlt, ist so mancher Herzinfarkt zurückzuführen!

Tomatensalat

750g Tomaten in Scheiben schneiden, Salat fix „gemischter Salat" überstreuen, dazu 3 Eßl. Öl oder 4 Eßl. saure Sahne oder Yoghurt. Der Salat zieht Flüssigkeit. Mit 2 gehackten Zwiebeln u. Schnittlauchröllchen würzen, alles vorsichtig mischen.

Gurkensalat

1-2 große Salatgurken schälen, dann in Scheiben raspeln, Salat fix „Gurkensalat" überstreuen, 3 Eßl. Öl oder saure Sahne kein Wasser, Dill überstreuen.

Gemischter Salat

Kopfsalat, nicht schleudern, Tomaten, Gurken, Zucchini, Paprika mit Öl und Salat fix „gemischter Salat" würzen, kein Wasser. Fertig!

Nudelsalat

200g Nudelhörnchen garkochen, abtropfen lassen

200g Fleischwurst in □

200g Goudakäse in □

1 Glas Mixed Pickles abtropfen lassen, event. zerkleinern,

200g Tomaten in Achtel schneiden

alles vorsichtig mischen u. mit folgender Soße übergießen:

4 Eßl. Mayonnaise
1 Becher Yoghurt
Salz, Pfeffer u. Zucker
etwas Gurkenwasser

} alles verrühren u. abschmecken.

event. Tomatenketchup, Petersilie

oder die Cocktailsoße S. 368

dazu frisches Meterbrot u. Butter reichen.

Tolles, sommerliches Abendessen.

Großenbroder Heringsstippe

von Christel Scheew

8-12 Matjesfilet portionieren
1 Gurke schälen u. würfeln
3 Äpfel schalen u. raffeln
2 gr. Zwiebeln fein hacken
2 Becher saure Sahne
1 Teel. Senf, 3 Eßl. Mayon.
Zucker u. Pfeffer, evtl. Curry
Saft von 2-3 Zitronen

gut verrühren u. mit den anderen Zutaten vermengen u. 2-3 Std. durchziehen lassen.
Dill
Zu jungen Pellkartoffeln, zu Bratkartoffeln u. zu Vollkornbrot delikat.

Vivos voco. Mortuos plango.
Fulgura frango!

Matjestopf

von Christel Scheer

Pro Person 2-3 Matjesfilet berechnen, die Filets event. 1 Tag in Milch legen. Die gekauften Matjes sind mild.

1/4 l saure Sahne
1/4 l geschlagene Sahne
1 Becher Schmand
} gut verrühren u. mit

Salz, Pfeffer u. Zucker abschmecken.

3 hartgekochte Eier in Scheiben
2 Zwiebeln fein hacken
1 Gurke schälen u. fein hobeln
4 säuerliche Äpfel in Stückchen
frischer Schnittlauch

Matjesfilet portionieren, alles gut mischen u. 30 Min. durchziehen lassen.

Junge Pellkartoffeln dazu essen.

Matjessalat

lecker zu Bratkartoffeln

8 Matjesfilet in Streifen schneiden
50g gehackte Mandeln
2 geraffelte Äpfel
125g Mayonnaise
125g geschlagene Sahne } verrühren
u. mit Curry, Salz, Zucker und
Zitrone abschmecken.
Selleriesalat dazu und Brat-
kartoffeln.

Thunfischsalat

1 Dose Thunfisch, 6 Radieschen in Schei-
ben, 2 hartgekochte Eier in Achtel,
4 Tomaten in Scheiben oder ", 1 Kopf
Salat, mit einer Marinade aus 4 Eßl.
Weinessig, 6 Eßl. Öl, 1 gehackt. Zwiebel
u. Salz, Pfeffer u. Zucker würzen.

Geflügelsalat

500g gegarte Geflügelbrust in Streifen
2 Scheiben Ananas } auch in
1 Apfel } Streifen schneiden
50g Gehackte Nüsse
2 Yoghurt mit 1/8 l Sahne verrühren u. mit Salz, Pfeffer, Zucker u. Zitrone abschmecken.

Lukullussalat

125g gekochter Schinken in □
1 Apfel } in Stücke schneiden
2 Apfelsinen }
1 kleine Dose Pilze
1 kleine Dose Spargelabschnitte
3 hartgekochte Eier
1 Glas Mayonnaise

Toastbrot u. Butter dazu reichen.

Mehlspeisen – Kartoffelgerichte

Was bringt denn da die Mudding,
hurra, 'nen großen Pudding.
Ein Pudding mit Rosinen drin,
das ist so recht nach
meinem Sinn,
ein Pudding!

Appelbranklümp

Fettm. Klöße kochen, erkalten lassen, dann wie Bratkartoffeln klein - schneiden u. in heißem Schmalz braten, etwas salzen, nun viele kleingeschnittene Äpfel mit Schale oder geschält u. Zucker dazu tun. Der Zucker soll karamelisieren. Vorsicht, die Äpfel verbrennen leicht.

Eierbranklümp

wie oben, an Stelle von Äpfeln viele Eier darüberschlagen. Man sagt: „Laß die Hühner darüber fliegen" Ich würde sagen 2 bis 3×, also viele Eier. Die Eier kurz stocken lassen, dann erst umrühren. Kurz vor dem Essen 1 Eßl. Butter auf die Klöße geben. Sättigend!

Tweiretenpankoken
oder Eierrühr

500g Mehl
8 Eier
1l Milch
Salz

den Teig morgens anrühren, damit das Mehl quillt, dann alles in eine große Pfanne mit heißem Fett geben u. öfter umrühren.

Es muß alles trockenkrümelig aussehen. Apfelmus dazu essen.

Quark - Apfelpfannkuchen

500g Quark
2 Eier
Salz
1 1/2 Eßl. Zucker
150g Mehl

alles gut verrühren, dann 300g feingeschnittene Apfelscheiben untermischen u. Pfannkuchen in der Pfanne backen.

Zucker und Saft dazu reichen.

Pfannkuchen

500 g Mehl
5 Eier
1 l Milch
Salz

den Teig rechtzeitig anrühren, damit das Mehl gut quillt.

event. Apfelscheiben, Schinkenspeck oder Kirschen einbacken.
Wenig Fett in einer Pfanne erhitzen u. wenig Teig hinein geben u. Pfannkuchen backen, knusprig u. dünn.
Mit Apfelmus, Johannisbeerkompott u. auf engl. Art Zucker u. Zitronensaft essen.

Hefepfannkuchen

500 g Mehl, 2 Eier, 60 g Zucker mit 1 Würfel Hefe u. Milch ausrühren, 3/4 l kalte Milch. Apfelscheiben einbacken. Kleine Pfannkuchen backen.

Kartoffelpuffer

1 kg geschälte, rohe Kartoffeln fein reiben
1/2 Teel. Salz, 3 ganze Eier, 2 Eßl. Grieß
oder Mehl oder Paniermehl,
in Öl kleine Puffer backen wie
Hefepfannkuchen ca 1 Eßl. Teig
für 1 Puffer
Apfelmus oder Preiselbeeren dazu.

Speckpfannkuchen

5 ganze Eier
5 Teel. Mehl
5 Eßl. Milch
wenig Salz
} gut verquirlen

250 g Schinkenspeck in dünne Scheiben
schneiden u. in einer Pfanne glasig braten,
dann die Eimasse hinzu u. bei
wenig Hitze stocken lassen. Deckel aufl.
Kartoffelsalat dazu essen. Lecker!

Milchreis

1 l Milch

ca 20g Zucker in die Milch streuen u. aufkochen. Nicht umrühren! siehe Tips, Prise Salz u. Zitronen-schale

250g Milchreis in die kochende Milch u. 60 Min. garen.

Zimtzucker dazu

gegessen am
24.12. mittags = Weihnachtsreis

Reiskugeln

250g Kurzzeitreis 5 Min. in Salzw. kochen abtropfen lassen u. mit ½ Becher Creme fraiche verrühren, Salz, dann mit dem Eisportionierer Kugeln auf eine Platte setzen, zu Kurzgebratenem u.s.w.

Reisrand

1 l Brühe kochen
250 g Suppenreis mit 30 g Fett u.
1 Zwiebel gespickt mit Nelkenköpfen
u. Lorbeer, etwas Curry od. Muskat
40 Min. garen, dann in eine gefettete
Kranzform füllen u. 10 Min. im
Backofen nachgaren, stürzen
u. zu Gulasch, Frikassee oder
Zungenragout reichen.

Risotto

250 g Reis in 2 Eßl. Öl mit 1 Zwiebel
in □ andünsten, 1/2 l Brühe dazu
u. 30 Min. garen, Curry, Kräuter, Salz,
Pfeffer u. Butter zum Abschmecken
u. 100 g Schinken oder 100 g Ananas od.
Mandarinen u. 2 Eßl. Wein u. Krabben-
fleisch oder zu Fisch mischen.

Kartoffelauflauf

Gleiche Menge Kartoffeln u. Wurzeln in Scheiben schneiden, in wenig Wasser 5 Min. garen, dann in eine gefettete Auflaufform füllen

150g Schinkenspeck darüber streuen u. mit 1 Becher Sahne verquirlt mit 3 Eiern u. Salz, Pfeffer u. Muskat darüber gießen u. mit 100g geraspelt. Käse u. 1 Eßl. Paniermehl vermischt, überstreuen.

60 Min. 180°

Hauchdünn geraspelte Porreeringe kann man kurz vor dem Essen über streuen oder mit Petersilie

Grüner Salat dazu.

Dieses Gericht kann man schon morgens zubereiten.

Kartoffelgratin

1 kg geschälte Kartoffeln fein hobeln, salzen u. die Hälfte in eine gebutterte Auflaufform schichten, dann 100 g geriebenen Käse, auch die Hälfte, darüber streuen, dann Kartoffeln u. wieder Käse mit 1 Eßl. Paniermehl vermischt.
1 Becher süße Sahne darüber
Butterflöckchen obenauf.
zu Kurzgebratenem oder Spiegelei
Salat dazu
50 Min. 180° backen.

Gestowte Kartoffeln

1 kg Pellkartoffeln in Stücke schneiden u. in 1/2 l Milch sämig kochen, mit Muskat, Salz u. Zucker abschmecken.
zu Sauerfleisch, saurer Rippe, Eier in Aspik.

Basilikumkartoffeln

Kartoffeln schälen, halbieren u. abtrocknen, salzen, mit Knoblauchpulver und Basilikum würzen, in Öl wenden u. auf Dauerbackpapier verteilen, u. 45 Min. 250° oder 60 Min. 180° Umluft backen.
Lecker zum Grillabend u. zur

Gemüsepfanne

250 g Porree in Ringe schneiden
2 Zwiebeln " " "
beides zusammen mit Butter in der Pfanne andünsten
1 Glas Tomatenpaprika kamm dazu
1 Glas Champignons
mitdünsten, Salz, Pfeffer zum Abschmecken,
Sonnenblumenkerne überstreuen.
zu Kurzgebratenem reichen.

Beef-Stew

500g Gulasch anbraten

2 Zwiebeln in Ringe } auch in
3 Wurzeln in Scheiben } Öl anbraten,
½ Staudensellerie } dann in eine
gefettete Auflaufform geben, Fleisch darauf u. mit folgender Soße garen.

30g Fett, 1 Eßl. Mehl, 1 kleine Dose Tomatenmark mit ¼ l Instant Brühe löschen Salz u. 1 Teel. Worcestersoße abschmeck.

30 Min. 180°, dann

500 g geschälte, geschnittene Kartoffeln auf das Fleisch legen u. noch 60 Min. garen.

4 Scheiben Speck ausbraten u. kurz vor dem Essen über die Kartoffeln geben.

Bier schmeckt dazu.

Guten Appetit!

Reisauflauf

200g Reis
1 l Milch — garkochen und kaltstellen
50g Zucker

120g Butter schaumig rühren, dann
150g Zucker
4 ganze Eier — hinzu u. mit

gehackten Mandeln, Zitrone u. Rosinen verfeinern.

In einer gefetteten Auflaufform 45 Min. 180° backen. Saftsoße dazu.

Reisschinkenauflauf

250g in Würfelbrühe ca $3/4$ l 15 Min. garen
200g Schinken in □ anbraten u. untermischen.
in eine gefettete Auflaufform füllen u. mit
1/4 l saurer Sahne, 2 Eier u. Salz verquirlt,
übergießen u. 30 Min. 180° garen.
Tomatensoße u. Blattsalat dazu.

Kartoffelbrei

1 kg geschälte, zerkleinerte Kartoffeln in
1/4 l Salzwasser garen, abgießen u.
mit ca 1/4 l Milch u. 1 Eßl. Butter u.
1 Teel. Salz mit dem Schneidstab
pürieren, nicht zu fein.
Mit in Butter gerösteten Zwiebelringen
u. Spiegelei servieren.
Wurzelsalat dazu.

Bauernfrühstück

mittags zu essen!
500 g Pellkartoffeln in Scheiben schneiden
125 g Schinkenspeck in ▯ } in 40 g Fett
2 Zwiebeln in ▯ } ausbraten
Kartoffeln darin knusprig braten.
4 ganze Eier mit 4 Eßl. Milch u. Salz
verquirlt darüber gießen, stocken lassen.
Petersilie u. Schnittlauch

Kohlauflauf

ca 650 g Weißkohl raspeln u. garen
375 g Hack mit Zwiebeln, Ei, Salz u. Pfeffer würzen, in Öl anbraten.
Kohl und Hack abwechselnd in eine gefettete Auflaufform schichten.
1 Becher saure Sahne, 1 Eßl. Petersilie
100 g gerieb. Gouda mischen und über den Auflauf gießen. 40 Min. 180°
Salzkartoffeln u. Tomatensoße dazu

Blumenkohlauflauf

1 großen Blumenkohl ca 20 Min. in Salzwasser, dem man etwas Zucker u. Essig zufügt, garen, dann in eine gefettete Auflaufform legen.
200 g durchw. Speck in □ schneiden u. anbraten
2 gehackte Zwiebeln hinzufügen u. schmoren, dann 4 Eier mit etwas Wasser verquirlt geben, Salz u. Pfeffer u. alles über den Blumenk. gießen
Dick mit gerieb. Käse bestreuen. 30-40 Min. im Backofen backen. Salzkartoffeln dazu.

Sauerkrautauflauf

80g durchw. Speck in 20g Schmalz ausbraten
250g gehackte Zwiebeln hinzu geben u.
375g geschnittene Kartoffeln auch 10 Min.
mitschmoren, Salz u. Pfeffer
1 gr. Dose Sauerkraut, Lorbeer u. Kümmel
4 Kochwürste in Scheiben schneiden
In eine gefettete Auflaufform abwech-
selnd Kartoffelmasse, Sauerkraut
u. Wurst schichten, oben Kartoffeln
mit 200g geschnittenen Äpfeln u. 1 Eßl.
Zucker abdecken.
200g Creme fraiche über den
Auflauf 60 Min. 180° backen.
Etwas Creme fraiche zur Garnierung
u. ebenfalls Petersilie.

Apfel-Kartoffelstrudel

300g Pellkartoffeln reiben

350g Mehl 1 Backpulver	mischen u. mit den gerieb. Kart. vermengen.
125g Zucker 100g Butter 1 V.-Zucker 2 ganze Eier	verrühren und mit dem Mehl-Kartoffelteig zu einem festen Teig kneten, etwas Mehl dazu?

1 Std. kalt stellen.

Ein Rechteck von ca 30x40cm ausrollen, füllen mit:

750g kleingeschnittenen Äpfeln 65g Rosinen 65g gehackt. Mandeln 65g Zucker 1 Teel. Zimt	mischen u. den Teig aufrollen, den Strudel mit Ei

bestreichen u. backen 45 Min. 180°

Vanillesoße oder Vanilleeis dazu.

Warm essen! Vorzüglich!

Apfelbisquitauflauf

4 Eiweiß
4 Eßl. Wasser } schlagen, dann mit
4 Eigelb
150g Zucker } schaumig rühren
250g Mehl
4 Teel. Backpulver } gesiebt dazu
1 kg Äpfel in Scheiben schneiden,
mit Zitrone beträufeln u.
untermischen.
60 Min. 180°
mit Vanille- od. Weincreme servieren

Apfelreis mit Zimtzucker

1 l Wasser kochen, dann
150g Reis
80g Zucker } hinzu u. 60 Min. garen
500g Äpfel mit Zitrone dünsten, dann an
die Reismasse.
Milch dazu.

Kartoffelsalat „Hausfrauenart"

750 g Pellkartoffeln in Scheiben, dann in Essigmarinade marinieren S.

40 g Fett
40 g Mehl
1 gehackte Zwiebel

} Schwitze machen u. mit 1/2 l Milch löschen. Salz, Pfeffer, etwas Senf, 1/8 l Öl an die heiße Schwitze u. Weinessig nach Geschmack, mit den Kartoffeln mischen u. warm oder kalt essen.

Was gibt es zum Salat? nach Geschmack: Spiegelei, Speckpfannkuchen, Kaßler, geräucherte Makrele, Würstchen, gekochten Schinken, Gurken u.s.w.

Kartoffelsalat mit Mayonnaise

wie oben Pellkartoffeln marinieren, dann mit Mayonnaise, verrührt mit saurer Sahne, Pfeffer, Salz, Zucker u. Gurkenwasser, vermengen. Gut durchziehen.

Bunter Kartoffelsalat

750g in Scheiben geschnittene Pell-kartoffeln marinieren mit Fleischbrühe
2 Gewürzgurken in □
2 Zwiebeln in □
1 roter Apfel mit Schale in Streifen
200g Pilze } aus der Dose
200g Erbsen }
event. 4 Matjesfilet in Streifen
mit Salz, Pfeffer, Weinessig, Zucker, Basilikum u. event. Oregano abschmecken
Mit Tomate, gekochtem Ei u. Petersilie verzieren.

Quarkpudding im Wasserbad

80g Butter schaumig rühren, dann

125g Zucker 4 Eigelb 70g Grieß 500g Quark	hinzu, ebenfalls 100g Korinthen 50g gehackt. Mandeln u.

4 Eischnee
1½ Std. im Wasserbad in einer gefetteten u. panierten Puddingform kochen.
Kirschsoße dazu.

Quarkauflauf

500g Apfelscheiben mit Zitronensaft marinier
125g Zucker mit 2 Eigelb schaumig rühren,
500g Quark hinzu, 70g Mehl u. 1 Backpulver,
50g Korinthen, 50g gehackt. Mandeln u.
2 Eischnee. Den Teig in einer gefetteten Auflaufform 90 Min. 180° backen.
Vanillesoße dazu.

Großer Hans

70 g Butter cremig rühren, dann
70 g Zucker } hinzu u. schaumig
4 ganze Eier } rühren,
600 g Mehl
65 g Korinthen
50 g gehackte Mandeln
1/2 l Milch

Saftsoße dazu servieren.

Den Rührteig in einer gefetteten, panierten Puddingform im Wasserbad 90 Min. garen. Stürzen!

Sächsische Mehlspeise

110 g Mehl, 110 g Butter u. 1/4 l Milch abbacken im Topf, 4 ganze Eier dazu geben. 80 g Zucker u. 2 Eigelb schaumig rühren, dann an die Abbackmasse, 2 Eischnee 40 g gehackte Mandel untermischen. Im Wasserbad wie oben garen, stürzen. Kirschsoße dazu. Besonders lecker!

Makkaroniauflauf

300 g Makkaroni in 2 l Salzwasser u. 1 Eßl. Öl garkochen u. abtropfen lassen. 200 g Schinken roh od. gekocht in □ mit den Nudeln in eine gefettete Auflaufform füllen u. mit folg. Eiermilch übergießen:

1/2 l Milch, Salz, 3-4 Eier, 10 g Mehl

90 Min. 180°

Tomatensoße u. grün. Salat dazu.

statt Schinken = 400 g Hackfleisch angebraten

Spaghettiauflauf mit Tomatensoße

250 g Spaghetti wie oben garen, ca 15 Min. 1 Dose geschnitt. Champignons in Butter dünsten u. mit den Nudeln mischen, Auflaufform fetten u. einfüllen, aus 3 Eiern, 3 Eßl. gerieb. Gouda u. 1/4 l Milchgemisch darüber geben u. 40 Min. 180° garen. Käse obenauf.

Birnen im Teig

80g Butter }
2 Eigelb } schaumig rühren
125g Zucker }
500g Mehl } gesiebt dazu
1 Backpulver }
1/4 l Milch dazu
2 Eischnee unterheben
Pr. Salz , an den Rührteig 1kg gedünstete, geschälte u. geviertelte Birnen rühren u. in einer gefetteten und mit 200g Schinkenspeck ausgelegten Auflaufform 90 Min. 180° backen, vorher werden auch noch einige Speckscheiben obenauf gelegt.
Mit reichlich Birnenkompott essen.
Sehr sättigende Hauptmahlzeit.

Quarkkuchen, herzhaft

500 g Mehl, 1 Pck. Hefe mit etwas Milch u. 1 Teel. Zucker anrühren, 1 Teel. Salz zum Mehl, 70 g Butter in 1/4 l warme Milch geben u. dann einen Hefeteig rühren, gehen lassen u. zu einem Rechteck 30 x 40 cm ausrollen, füllen mit

250 g Quark
2 Eier
200 g gerieb. Gouda od. Hack
3 Eßl. Paniermehl
2 Pck. TK-Kräutermischung
Salz u. Pfeffer

} alles gut verrühren u. auf den Hefeteig verteilen.

50 g gehackte Haselnüsse oder Sonnenblumenkerne darüberstreuen u. aufrollen, in 3,5 cm dicke Scheiben schneiden u. dicht nebeneinander in einer gefetteten Springform backen 60 Min. 180°

Tip: 1 Handvoll Paniermehl mit geriebenem Käse mischen u. über die Torte streuen, leckere Kru

Toaste

Eeten un Drinken
hölt Lief un Seel tosam!

Abendgerichte

Käsekräuterbutter

125 g Butter mit 1 kleinen Ecke Sahne-schmelzkäse, ½ Teel. Curry u. Zucker u. Senf, 1 Teel. Dill u. Schnittlauch u. 1 Schuß Whisky verrühren.
Lecker auf frischen Brötchen. S. 175

Kruste für Braten u. Filet.

2 Eßl. Senf u. 3 Eßl. Johannisbeerkon-fitüre verrühren u. den Braten, z. B. Wild- oder Lammbraten, kurz vor dem Serviere damit bestreichen u. von 4-5 Scheiben Vollkornbrot Krümel darüberstreuen, noch ca 15 Min. überbacken.

Kräuterkruste für Filet

Das Filet vorher beizen in Wurzeln, Sellerie Wachholder u. Pfeffer, dann mit 250 g gerieb. Weißbrot, 3 Eßl. Öl, Salz, Pfeffer u. TK-Kräuter gut gemischt umhüllen. In einer Jenaer Glasform ca 20 Min. 180° garen.

Gefüllte Brötchen

gut auf Vorrat einzufrieren ohne Ananas u. Käse. Kleines, schnelles Abendessen.
4 Brötchen halbieren und buttern, füllen:
400 g gemischt. Hackfleisch
Salz, Pfeffer, 1 gehackte Zwiebel, 1 Ei
1 Eßl. Paniermehl, 1 Eßl. Öl, gut kneten u. den Fleischteig dann auf die 8 Brötchenhälften verteilen mit je einer Scheibe Ananas belegen u. darauf 1 Scheibe Toastkäse.
20 Min. 180° überbacken
Cocktailsoße oder Ketchup dazu
Chinakohlsalat kann

Es ist leicht, das Leben schwer zu nehmen. Und es ist schwer, das Leben leicht zu nehmen!

Überbackener Camembert

4-6 Camembert von aldi Select-H-Camemb.
ungeteilt in Mehl wenden, durch Ei ziehen
u. in Paniermehl von allen Seiten wenden.
Schwimmend in heißem Fett in der
Bratpfanne beidseitig goldbraun backen,
ca 4-5 Min. je Seite, nicht zu heiß, dann
platzen die Käsebällchen.
Mit Toastbrot, diagonal durchgeschnitten,
Butter, Zitronenschnitze, Preisel- oder
Apfelsahne servieren.
frittierte Petersilie als Garnitur?
Bier oder Wein dazu trinken.
Tolle Wirkung - wenig Arbeit -
als kleines Abendessen für
Gäste.

Welsh Rarebits = Käsetoast

250g Gouda reiben, 1 Eigelb u. 1/2 Tasse helles Bier u. 1 Teel. Paprika verrühren u. auf 6 gebutterte Toastbrote streichen, diagonal durchschneiden, dann 10-15 Min. 180° überbacken. Lecker! Kann man schon gut morgens als kleines Abendbrot vorbereiten!

Rarebits mit Tomaten

2 gewürfelte Zwiebeln in 30g Butter dünsten, 100g gehäutete u. gewürfelte Tomaten dazu tun, event. 1 grüne Paprika in □, 250g Emment. Käse raspeln u. mit 3 Eigelb, 1 Eßl. Sherry od. Bier, Salz, Pfeffer verrühren u. mit in der Pfanne erhitzen, dann auf 8 Toastscheiben verteilen, Butterflöckchen obenauf u. 5 Min. 180° backen!

Hawai-Toast

4 Scheiben Toastbrot toasten u. buttern
4 dickere Scheiben Kochschinken, darauf
4 Scheiben Ananas u. mit
4 " Toastkäse belegen.
15 Min. 180° überbacken. Garnieren
mit Tomate u. Petersilie.

Toast „Gibraltar"

4 Scheiben Toastbrot toasten u. mit
Frischkäse bestreichen, mit Bananen-
scheiben belegen, darauf 100g Krabben-
fleisch, mit Cayennepfeffer würzen.
200g Toastkäse
15 Min. 180°

Kalbsmilch = Bries = Thymusdrüse
des Kalbes, leicht verdaulich s. Ragout fin.

Käsetoast

4 Scheiben Toastbrot toasten u. buttern u. mit Preiselbeerkompott bestreichen, 1 Scheibe Käse auflegen, dann 1 Scheibe gekochten oder rohen Schinken, darauf 1 Scheibe Ananas, dann wieder Käse. 10 Min. 180° 5 Min. ohne Hitze.

Schmortomaten auf Toast

60 g Butter in der Pfanne schmelzen, 2 Zwiebeln in □ darin dünsten, dann 6 große Tomaten in □ dazu, Pfeffer u. Salz u. garschmoren, 6-8 Eier darüber schlagen u. stocken lassen, dann erst durchrühren.

Lecker auch auf Weißbrot.

Sentimentales Hühnerprodukt?

Rührei

Champignontoast

250g geschnitt. Pilze in Butter dünsten, 1 Eßl. Mehl zum Überstäuben, Salz, Pfeffer u. 1/8 l Sahne dazu geben. 4 Scheiben Toastbrot buttern u. Pilze darauf verteilen, vorher die Toastbrote in die Fettpfanne legen. Tomatenscheiben darauf verteilen, 4 Gouda Käse od. Toastkäse darauf 4 Scheiben Frühstücksspeck auflegen u. 10-15 Min. 180° überbacken.

Spiegeleier, pikant

In 30g Fett 1 gehackte Zwiebel u. 250g geschnitt. Pilze 5 Min. dünsten ebenfalls 150g Kochschinken in □. 1 Glas Sherry dazu u. 1/8 l Sahne, dann 4-6 Eier darüberschlagen u. mit Deckel garen. Bratkartoffeln dazu

Soleier

eventuell aus restlichen Ostereiern.
10 hartgekochte Eier schälen oder die Schale rundherum leicht anschlagen, dann 2-3 Tage in folgenden Sud legen: gut 1/4 l Weißwein, 2 Eßl. Essig, 1 Eßl. Zucker, etwas Salz, Pfefferkörner, Kümmel, Rosmarin, Thymian, alles aufkochen u. heiß über die Eier gießen. Das Glas verschließen u. in den Kühlschrank stellen. Gebuttertes Schwarzbrot dazu essen, Ketchup u. Bier.

Gefüllte Eier

4 hartgekochte Eier pellen, halbieren, das Eigelb mit 2 Teel. Mayonnaise, Zitronensaft, 1 Teel. Senf, Salz u. Pfeffer verrühren. Schinkenwürfel oder Krabben untermischen, dann die Eischalen füllen.

Ragout fin

250 g Kalbsfleisch u. 1 Kalbszunge
1 1/2 Std. in 1/2 l Wasser mit Suppen-
grün, Lorbeer, Salz, Pfeffer u. Nelken
garen, 10 Min. 250 g Kalbsmilch
(vorher wässern, mit kochendem
Wasser überbrühen, kalt ab-
schrecken, Haut u. Adern entfernen)
Zunge häuten, alles in feine Streifen
schneiden

1 Dose geschnitt. Champignons in Butter
dünsten.

40 g Butter, 40 g Mehl anschwitzen, mit
1/2 l Brühe löschen u. mit Wein u.
Zitronensaft abschmecken, Salz u. Zucker
1 Eigelb zum Legieren. Fleisch in eine
gebutterte Auflaufform legen, mit der
Soße begießen u. mit 2 Eßl. gerieb. Käse
u. Paniermehl u. Butterflöckchen bestreuen.
10-15 Min. 180° Toast dazu.

Geflügelpastete

500 g Putenbrust oder Hühnerfleisch in Brühe garen, dann in □ schneiden, Brühe durchsieben u. mit 1 Becher Sahne auffüllen.

60 g Butter u. 40 g Mehl anschwitzen, mit Brühe auffüllen u. Fleisch u. Pilze hineingeben. Zitronensaft, 2 Eigelb zum Legieren, Worcester u. Blätterteig S. oder Reis dazu essen. Bekömmlich!

Schaschlik

4-6 Schaschlik in Fett anbraten u. garen.
2 Beutel Reis in Salzwasser garen
2 Dosen Mandarinen ohne Saft unter den fertigen Reis mischen, servieren.
Chinakohlsalat dazu. Schnell!

Käsepizza

200g Mehl 150g Butter 1 Teel. Backpulver 6 Eßl. Wasser 1 Pr. Salz	alles mit den Händen zusammen kneten u. 30 Min. ruhen lassen. Den Teig dann in eine gefettete Springform kneten.

Einen 2cm hohen Rand formen.

15 Min. 180° vorbacken, dann füllen:

4 Eier, 1/8 l Milch, 40g zerlassene Butter, 150g gerieb. Käse, 100g gekochten Schinken in □, Salz u. Pfeffer, event. Zwiebeln

40 Min. 180° weiter backen.

Ketchup dazu.

Der Kuchen reicht für ein Abendessen von 4-6 Personen.

Pizzateig für ein gefettetes Backblech:

200g Mehl, 3 Eßl. Öl, 1/2 Teel. Salz, 15g Hefe mit 1/2 Teel. Zucker u. 1/2 Tasse Milch ausrühren.

20 Min. 180° mit Füllung n. Geschmack.

Vegetarische Torte

als Hauptgericht

200g Weizenschrot Typ 1700
100g Fett, ½ Teel. Salz, 5-6 Eßl. Wasser,
den Knetteig in eine gefettete Springform
verteilen, einen Rand hochziehen
Füllung: Gemüsepfanne, dann ohne Käse
250g Porreeringe } in Fett andünsten,
2 Zwiebel in Ringe } dann
1 Glas Tomatenpapricka u. 1 Glas (125g)
Champignon untermischen,
125g Gouda in □ an das Gemüse
50g Walnüsse od. Sonnenblumenkerne
alles gemischt u. mit Salz, Pfeffer u.
Sojasauce abgeschmeckt auf den Boden
verteilen. 2 Eier, 6 Eßl. Sahne, Salz ver-
quirlen u. auf die Füllung geben.
30 Min. 180°

Sättigend!

Fleischfondue

500g Filet vom Schwein u. Rind
500g Putenbrust, alles in □, in Öl marinieren, die Schüssel vorher mit Zwiebelringen auslegen, Fleisch mit Pfeffer u. Majoran würzen, auch obenauf Zwiebelringe dann alles mit Klarsichtfolie abdecken. Vor Gebrauch das Fleisch mit Küchenkrepp abtupfen.
Fett zum Garen auf der Herdplatte erhitzen, dann umfüllen u. auf das Rechaud stellen, die Fleischwürfel auf Fonduegabeln spießen u. im heißen Fett garen.
Statt Fett kann man auch Brühe nehmen, diese dann später in Tassen servieren.

Wurstfondue

250g Fleischwurst
250g Wiener Würstchen } alles
250g magere Mettwurst } würfeln
250g Leberkäse
u. weiter wie Fleischfondue

Geflügelfondue

1 kl. Ente } Brust- und Schenkel-
1 Hähnchen } fleisch ohne Haut in
dünne Scheibchen schneiden.
400g Putenbrust in □
3 Äpfel } in Scheiben schneid.
3 Bananen } u. mit Zitrone beträufeln.
wie Fleischfondue, dazu
verschied. Sorten Brot, Gurken, Kürbis
Remoulade, Sauce bearnaise,
Preiselbeersahne, Cocktailsoße
u.s.w.

Käsefondue

400 ccm Weißwein aufkochen
800 g gerieb. Käse, z.B. Emmentaler
u. 2 Knoblauchzehe hinzufügen
1 1/2 Eßl. Speisestärke mit
2-3 Gläschen Kirschwasser verrühren
u. mit Muskat u. Pfeffer an die
Wein-Käsecreme, aufkochen in
einer feuerfesten Form oder im
Käserechaud.
Mit Brotwürfeln tunkt man
dann in gemütlicher Runde die
Käsecreme auf.
Weißwein dazu.

Kein Ding sieht so aus, wie es ist.
Am wenigsten der Mensch, dieser
lederne Sack voller Kniffe und Pfiffe ...

Fehmarnplatte

von Anne Wiepert

eine illustrierte Abendbrotplatte für Gäste, schon am Morgen vorzubereiten.

Kleine Hacksteaks braten, Hähnchen- u. Putenbrust garen u. portionieren, halbe Pfirsiche, große Champignons, Birnenhälften, Gürkchen, blaue u. weiße Weintrauben, Tomatenachtel u.s.w. alles bunt gemischt auf eine große Platte verteilen u. mit Petersilie garnieren.

dazu: Cocktailsoße u. Reis oder
" u. Toast u. Butter

für besondere Anlässe geeignet!

Nasi-Goreng

ein indisches Gericht u. auf indonesisch „gebratener Reis" heißt, die Zutaten wie gekochter Reis, Gemüse u. Fleisch werden in der Pfanne gebraten.
200g Schweinefilet oder Kotelettanbraten
2 abgekochte Hähnchenkeulen
200g gekochten Schinken, alles kleinschneiden u. in Öl anbraten, auch
200g gehackte Zwiebeln und 2 Tassen
15 Min. vorgekochter Reis andünsten,
rote u. grüne Paprika in Streifen,
1 kl. Dose Sojakeimlinge ohne Flüssigk.
1 Stg. Porree in Ringe
Salz, Lorbeer, Pfeffer, Muskat,
Thymian, Majoran, Hühnerbrühe
alles gut vermengen u. auf einem Backblech in der Bratröhre
30 Min. 180° backen. Nicht

soviel umrühren. In Schüsseln servieren, dazu erwärmte Früchte wie Pfirsich, Birnen, Ananas oder Cocktailfrüchte reichen.
Das Gericht kann man gut schon morgens vorbereiten, wenn abends die Gäste kommen.

Dieses Haus ist mein Haus
und doch nicht mein,
dem Zweiten wird es auch nicht sein,
den Dritten trägt man auch hinaus,
nun sag' Du mir,
wem gehört dieses Haus?

Hähnchenbrust mit Orangen

500g Hähnchenbrustfilets im Saft von 3 Orangen u. 1 gehackten Zwiebel einige Stunden marinieren. Das Fleisch dann trocken tupfen, salzen u. pfeffern u. in Butter kurz anbraten, im Schmortopf mit 1/2 l Hühnerbrühe ca 20 Min. garen, abschmecken mit 1 Pr. Zucker, Orangenmarinade u. event. Zitrone, andicken mit Creme fraiche.

2-3 Orangen schälen u. in 1 cm dicke, runde Scheiben schneiden, diese in der Marinade oder Brühe erhitzen, mit dem Fleisch servieren.

Reis und Salat dazu reichen.

Es wird mit Recht ein guter Braten
gerechnet zu den guten Taten;
und daß man ihn gehörig mache,
ist weibliche Charaktersache.

Süßspeisen

Ist die Figur erst ruiniert –
lebt sich's völlig ungeniert!

Aprikosencreme

100 g getrocknete Aprikosen 1 Nacht einweichen, dann pürieren
100 g Zucker
1/8 l Weißwein } aufkochen, die
5 Bl. weiße Gelatine einweichen u. an die heiße Masse geben (nicht mehr kochen), auch das Aprikosenmus, Zitronensaft hinzufügen
1/8 l geschlagene Sahne an die erstarrte Creme rühren. Verzieren.

Weingelee u. Vanillecreme

1/2 l Wein, 1 Zitronensaft
1/2 l Apfelsaft
Rum nach Geschmack } erhitzen
150 g Zucker
6 Bl. rote u. 6 Bl. weiße Gelatine einweichen u. in der heißen Fl. auflösen

Bayrische Creme

4 Eigelb u. 125 g Zucker schaumig rühren
1/2 Stg. Vanille u. 1/2 l Milch aufkochen u. unter Rühren an die Eimasse geben, vorher 9 Bl. weiße oder rote Gelatine einweichen u. an die heiße Milch geben. Wenn die Creme erstarrt, 1/2 l Schlagsahne unterheben u. 2 Eischnee u. gehackte Mandeln, Makrönchen, Likör, gehackte Schokolade, Sukkade, Nüsse u.s.w. wie man es gerne möchte z. B. die Creme mit roter Gelatine u. gehackten Mandeln und Makrönchen (von arko) nennt sich dann Nesselrote Creme, u. nur mit gehackten Mandeln u. weißer Gelatine Vanillepudding

Elfencreme v. Heidi Meier

1/2 l saure Sahne
250 g Puderzucker
2 V.-Zucker
Saft von 2 Zitronen
} zusammen rühren

1 Glas Wein erhitzen, darin
7 Blatt weiße Gelatine auflösen
1/2 l Schlagsahne an die erstarrte Creme
Schnelle, leckere Nachspeise.

Obstsalat

Äpfel, Bananen mit Zitrone beträufeln
Apfelsinen, Ananas
alles kleinschneiden u. zuckern,
nach Geschmack verändern: Rosinen,
Kokosflocken, Schuß Kognak, Kiwi, Nüsse
dazu: Eierlikör oder Eis oder Sahne

Obstsülze

Fast alle Früchte eignen sich hier für, frisches Obst wie auch Dosenobst.
1 kg gemischtes Obst mit ca 1 l Flüssigkeit (Saft der Dosenfrüchte, am besten von klarem Saft, den man mit 12 Bl. weißer Gelatine andickt) event. mit Zitronensaft u. Sekt abschmecken, übergießen, Schuß Rum, Kognak u. Orangenli.
Die gemischten Früchte wie z.B. Ananasstücke, Mandarinen, Birnen, Pfirsiche Kirschen und Erdbeeren) in eine Schüssel geben u. mit der warmen Flüssigkeit bedecken. Kalt stellen u. gelieren lassen.
Dazu reicht man Vanillecreme S. 374 oder Schlagsahne, verzieren.
Erfrischend u. lecker!
Rohe Kiwi, Ananas u. Feigen eignen sich nicht.

Rosenschaum

4 Eischnee sehr steif schlagen
1/4 l Kirschsaft langsam dazu
100 g Zucker, 1 Zitronensaft
6 Bl. rote Gelatine
Mandarinen, Kirschen u. gehackte Mandeln
untermischen. Vanillecreme dazu reichen

Zitronencreme – Orangencreme

auch als Tortenfüllung geeignet.
7 Blatt weiße Gelatine einweichen
1/4 l heißes Wasser, Gelatine darin auflösen
4 Eigelb } schaumig rühren u.
150 g Zucker } dann den Saft von
2 Zitronen, für Orangencreme den Saft
von 2 Apfelsinen u. 1 Schnapsglas Orangen-
likör u. etwas Weißwein, kaltstellen,
dann
4 Eischnee } unterziehen
1 Becher Schlagsahne }

Birne Helene

1 Dose Williams Christ Birnen
500 g Vanilleeis
mit heißer Schokoladensoße
servieren.

Bratäpfel „Ofentür"

4 Boscop-Äpfel, das Kerngehäuse ausstechen, Schale mit Öl bepinseln, bleibt dann glatt, füllen mit gemahl. Nüssen, Zimtzucker u. 1 Eßl. saurer Sahne gut gemischt, die gefüllten Äpfel dann in eine Jenaer Glasform mit 5 Eßl. Wein setzen u. mit Butterflöckchen bestreuen.
40 Min. 180° braten
Eierlikör oder Eierlikörsahne (1 Becher Sahne 5 Eßl. Eierlikör) dazu reichen.

Schwarzwaldbecher

1/4 l Milch, 1 Prise Salz, 75g Zucker, 1 V-Zucker, 20 g Speisestärke – Flammeri kochen, abkühlen lassen,

250g Quark, 2-3 Eßl. Kirschwasser – verrühren

1/4 l Schlagsahne

alles vorsichtig verrühren und dann schichtweise mit 250g Kirschfleisch in Gläser füllen. Schokoraspel zum Verzieren

Tiramisu

7 Eigelb, 250g Puderzucker, 600g Mascarpone
1 ganze Zitrone, 2 Eßl. Rum oder Amaretto,
125g Butter geschmolzen.

1 Schokoladenbisquit halbieren u. mit 1/8 l starken, kalten Kaffee beträufeln, ein heller Bisquit oder auch eine Bisquitrolle geeignet. Torte füllen, mit 1 Becher Sahne verzieren u. mit 2 Eßl. Kaba oder Kakao mit Puderzucker bestäuben.

Schokoladen-Quarkcreme

50g zartbitter Schokolade schmelzen (Mikrow.)

250g Quark
50g Zucker
1 Eigelb
2 Eßl. Milch

} glattrühren, dann 1 Becher Schlagsahne unterheben, 1 V.-Zucker,

1-2 Bananen mit Zitronensaft beträufeln, in Scheiben geschnitten untermischen, zuletzt die geschmolzene Schokolade kunstvoll hineingeben. Köstlich, u. schnell zubereitet.

Quarkcreme

500g Quark, besser Frischkäse
4 Eßl. Milch
40g Zucker, 2 V.-Zucker
75g bittere, grobgeh. Schokolade
1 feingehackte Ingwerpflaume
alles vermengen u. glattrühren

Pfirsich „Melba"

benannt nach der Opern- und Konzert-
sängerin Nellie Melba (1861-1931)
2-4 Pfirsiche häuten und achteln, mit
Zitronensaft, Zucker u. etwas Wasser 5 Min
köcheln lassen, 1 Stg. Vanille dazu, abkühlen
150 g Himbeeren, die Hälfte pürieren.
1/2 Becher Schlagsahne
500 g Vanille-Eis, gehackte Haselnüsse,
Eiswaffeln, alles dekorativ servieren.

Süße Speise

Rezept von „meiner" Klavierlehrerin
Ilse Müller.
6 Eigelb, 125 g Zucker, 10 Blatt weiße
Gelatine in etwas heißem Wasser lösen.
125 g geriebene Schokolade
6 Eischnee
1/2 l geschlagene Sahne
gehackte Mandeln, Schuß Kognak.

Schweizer Reis

3/4 l Milch mit 50 g Zucker kochen
80 g Reis darin garen
2 V.-Zucker
6 Bl. eingeweichte, weiße Gelatine an die heiße Reismasse, dann kaltstellen, 4-6 Eßl. Rum dazu, 1 Becher Schlagsahne an die erstarrte Reismasse
Rumtopf oder Kirschsoße dazu.
oder
ohne Rum, mit 30 g Rosinen u. 70 g gehackten Mandeln ist es Präsidentenreis

Schuß Rum u. 1 kleine Dose Ananasstücke ist es Kaiserreis

Rote Grütze und Milch

150 g Erdbeeren
100 g Rosinen
150 g Himbeeren
150 g Kirschen
1 Stg. Zimt
1 Apfelsinensaft
100 g Zucker

mit ½ l Wasser u. ½ l Rotwein 20 Min. kochen, dann alles durchsieben u. die Früchte durchstreichen, den Saft mit Maiskempuder andicken oder auch nur Johannisbeeren durchkochen. Mit flüssiger Sahne oder Milch servieren.

Rode Grüd, dat is een Eten –
süi mal wat uns Heiner itt.
als ründ üm hett he vergeten
in de School, de letzte Stünn,
kann he sick op nix besinn,
Rode Grüd, dat is een Eten.

Flammeri

1 l Milch mit etwas Zucker aufkochen, dann 80 g Zucker, 1 Pr. Salz und 125 g Grieß einrieseln lassen, rühren u. aufkochen lassen.
Zitrone als Geschmack
1 Eigelb zum Legieren
1 Eischnee zuletzt unterheben an die heiße Masse.
1 Handvoll Korinthen waschen u. damit eine Fischform oder ähnlich ausstreuen, vorher die Form mit Wasser ausspülen, weil der Grießbrei nach dem Erkalten auf eine Platte gestürzt wird. Roten Saft dazu reichen = wir nennen es:

Formreis und Saft

Eine erfrischende Nachspeise im „heißen" Sommer!

Herrencreme

120 g Blockschokolade in 1/2 l Milch erhitzen und schmelzen, dann
12 Bl. eingeweichte, weiße Gelatine dazugeben
6 Eigelb } schaumig rühren, dann die
200 g Zucker } heiße Schokomilch dazu tun.
50 g gehackte Mandeln, 2 V-Zucker
event. 3 Eßl. Rum oder Orangenlikör an die erstarrte Creme, ebenfalls 6 Eischnee und 1 Becher Schlagsahne. Mit Sahnetupfer und Schokoraspel verzieren.

Eierlikörsahne

zu Eis, Schokopudding, Obstsalat und Bratäpfeln reichen oder mit Gelatine auch als Tortenfüllung geeignet.
2 Becher süße oder saure Sahne schlagen
6 Eßl. Eierlikör dazu
event. mit 2 Eßl. Pulverkaffee, 1 Teel. Kakao, 50 g Puderzucker, 5 Bl. weiße Gelatine.

Suppen

Kartüffelsup, Kartüffelsup,
de ganze Woch Kartüffelsup,
un Sündags gif dat ok ni veel,
dor gif dat wat mit'n
Bessenstöhl!

Schwemmklöße

1 Tasse Wasser mit 1 Teel. Salz und 2 Eßl. Margarine aufkochen, dann 250 g Mehl hinzufügen u. im Topf abbacken.
4 Eier an den heißen Teig rühren u. gut verrühren
In kochendes Salzwasser kleine Klößchen setzen u. garen oder in der Suppe garen.

Grießklöße

1/4 l Milch mit 40 g Butter aufkochen
130 g Greiß langsam hinzufügen u. garen, 2 Eier unterrühren, Salz.
Klößchen für salzige u. süße Suppen.

Fehmarnsche Klöße

500g Mehl, 1 Teel. Salz, einige gerieb.
gekochte Kartoffeln (geht auch ohne)
2 Eier, Milch nach Bedarf, es muß
ein sehr fester Teig sein.
In kochendem Salzwasser, dem 1 Eßl.
Öl zugefügt wird, (schäumt nicht)
die Klöße garen u. ca 4 Min. kochen.
Die Klöße sind geeignet für Suppen u.
als Hauptgericht wie Stippklümp mit
Backobst, Eier - und Appelbranklümp.

Auf Fehmarn erzählt man, daß bei einem
Klößeessen einmal ein Kloß vom Teller
„geglischt" sei, gegen eine Fensterscheibe
flog, diese zerbrach, weiter gegen das
Rad eines Mistwagens fiel und
dessen Speichen ebenfalls zerbrach.

Eierstich

2 ganze Eier
2 Eßl. Sahne
1 Pr. Salz

gut verquirlen, dann im Wasserbad langsam stocken lassen, erkaltet in Würfel schneiden oder die Eimasse in einen Kunstdarm (Folie) von ca 1½ cm Ø füllen (Schlachter) und in heißem Wasser ziehen lassen, ca 15 Min., erkalten lassen, dann die Haut abziehen und in Scheiben schneiden, Suppeneinlage.

Zwiebelschnitzel

6-8 rohe Schnitzel, 2 Beutel Zwiebelsuppe, 1 Becher saure Sahne mit 2 Becher süße Sahne verrühren.

1 Beutel Zwiebelsuppe in die Grillpfanne streuen darauf die rohen Schnitzel verteilen, darüber den 2. Beutel Zw.suppe, dann die Sahne.

1 Nacht zugedeckt stehenlassen.

¾-1 Std. im Backofen 200° garen.

Kartoffelgratin u. Salat dazu.

Buttermilchkaltschale

1 l Buttermilch, Zucker, Zitrone, Rosinen, altes, gerieb. dunkles Brot (kann man einfrieren u. bei Bedarf herausnehmen) mischen. Erfrischende Suppe im Sommer.

Buttermilchsuppe mit Klößen

1½ l Buttermilch mit Zitrone u. 2 Teel. Maiskernpuder ausgerührt unter Rühren aufkochen. Zucker n. Geschmack Mit 2 Eigelb legieren, die Eiweiß zum Fehrn. Klöße kochen verwenden u. Klöße in die Suppe geben, ebenfalls 200g Backpflaumen in Zuckerwasser vorher gegart.

Aalsuppe

In 3 l Wasser 1 Schinkenknochen, Suppenkraut u. Fischhaut u. Fischgräten 2 Std. kochen.
250 g Erbsen, 250 g Wurzeln u. 200 g Sellerie sowie 500 g Backobst (1 Nacht einweichen) gut 30 Min. in der durchgesiebten Brühe garen.
Gewürze wie Thymian, Dill, Petersilie, Basilikum, Majoran, Estragon im Mullbeutel mitkochen.
Fleisch vom Knochen lösen u. kleinschneiden
750 g enthäuteten u. entgräteten Aal in Stücke schneiden u. in
1/4 l Wasser, 1/8 l Weinessig u. 1/8 l Wein mit 1 Eßl. Zucker, Pfefferkörnern u. Zwiebeln 10 Min. garen. Den Sud

durchsieben u. mit dem Aal zur Brühe geben.
Mit einem Butterkloß (60g Butter u. 40g Mehl mit der Gabel vermengen) binden. Eigelb zum Legieren. Mit Salz, Zucker u. Essig abschmecken. Schwemmklöße kochen u. in die Suppe.

Fliederbeersuppe

Fliederbeeren abstreifen u. mit Wasser (500g Fl. 1l Wasser) ca 30 Min. kochen, durchsieben, mit Zitronenschale, Stangen Zimt, Gewürznelken u. Apfelstücken u. Zucker aufkochen u. garen, event. 1 Eßl. Sago dazu Grieß- oder Schwemmklöße kochen u. mit der Suppe anrichen.

Fehrn. Frische Suppe

500g Markknochen
500g Fleischknochen
1kg Hochrippe
kalt abspülen, kurz in kochendes Wasser, aufkochen lassen, Fleisch herausnehmen u. abspülen, das Wasser nicht verwerten. Knochen mit 2 ½ l Wasser 1 Std. langsam kochen, dann das Suppenfleisch, Suppengemüse gebündelt, Salz, 10 Pfefferkörner, 1 Lorbeerblatt (zuviel macht bitter) u. 250g Wurzeln u. noch ca 2 Std. köcheln. Fleisch und Wurzeln herausnehmen, Brühe mit verschlagenem Eiweiß u. Petersilienstengeln klären, durch ein Mulltuch sieben u. abschmecken.

Suppengemüse = 1 Sellerie, 2 Zwiebeln mit einer braunen Haut (Farbe) 1 Stg. Porree u. 2 Petersilienwurzeln.

Einlage: Fleischklößchen, Mehl- oder Schwemmklöße, Eierstich, Wurzelscheiben oder Karotten,
rohe Porreeringe, hauchdünn geraspelt, kurz vor dem Servieren in die Suppe
Rosinenreis getrennt zur Suppe reichen.
Eine flache Schüssel mit Wasser ausspülen eine Handvoll gew. Rosinen darin verteilen u. darauf den gegarten Reis, Teller darauf legen u. stürzen.
Fleisch- u. Mehlklöße in Salzwasser garen
Suppenfleisch gleich zur Suppe reichen od. hinterher mit Salzkartoffeln u. Senfbutter (250g Butter erhitzen 1 Eßl. Senf dazu) oder mit Brotsoße mit Rosinen u. Meerrettich: 1/4 l Brühe, 1 Tasse gerieb. Weißbrot, Pfeffer, Salz, Zitrone, gerieb. Meerrettich, 1 Handvoll Rosinen, etwas geschlagene Sahne.

Hühnersuppe

1 vorbereitetes Suppenhuhn in 2 1/4 l Wasser mit Salz, ganzem Ingwer, 2 Wurzeln, Sellerie u. Suppengemüse ca. 3 Std. garen.
Rosinenreis S. 349 dazu reichen, event. Fleischklöße, Eierstich und Fehm. Klöße oder Schwemmklöße
Hühnerfleisch portionieren u. nach Geschmack anbraten. 1 Schuß Sherry, Petersilie, Porreering

Käsecremesuppe

1 Zwiebel u. 1 Stg. Porree gehackt in Fett hellgelb dünsten, 1 Eßl. Mehl dazu, mit 1/2 l Milch oder Brühe löschen u. 5 Min. kochen. Prise Zucker, 1 Teel. Streuwürze (Fondor), Muskat, Salz, ein Hauch Knoblauch
1 Becher saure Sahne, 1 Becher Weißwein, event. 1 Dose geschnittene Pilze ohne Flüssigkeit
125 g geriebenen, milden Käse oder 2 Ecken Sahne Schmelzkäse, 1 Eigelb zum Legieren. Geröstete Weißbrotbrösel können darüber gestreut werden

Chinesische Hühnersuppe

In 1 1/2 l Wasser 1 Suppenhuhn
garen, siehe Hühnersuppe
Das Fleisch nach dem Kochen würfeln,
Brühe durchsieben u. abschmecken.
1 kl. Dose Ananasstücke } in der
1 kl. Dose geschnitt. Pilze } Brühe er-
hitzen, diese dann mit einem
Butterball (60 g Butter, 60 g Mehl) binden
1 Schuß Madeira
1 " Weißwein
auf Teller oder in Tassen servieren
mit Sahnehaube u. Mandelsplitter.

Pilzcremesuppe

Eine kräftige Fleischbrühe wie Spargel-
suppe abrühren, Pilze u. Fleischklöße
als Einlage, Sahnehaube mit Petersilie
event. 1 Ecke Sahnekäse

Spargelsuppe

250 g Spargel schälen u. in 2-3 cm lange Stücke schneiden, 1 l Wasser salzen u. zuckern, 1 Stck. Butter dazu u. die gewaschenen Spargelschalen kurz darin aufkochen, durchsieben u. dann die Spargelstücke 15 Min. darin garen.

40 g Fett } eine helle Schwitze machen,
40 g Mehl } Brühe langsam unter Rühren dazugeben u. aufkochen. Mit einer Prise Muskat, Zitronensaft u. Zucker abschmecken.

1 Eigelb mit 3 Eßl. Sahne verquirlen u. die Suppe damit legieren, die Suppe darf nicht mehr kochen. Spargelstücke u. Fleischklöße hineingeben. Petersilie

Kartoffelsuppe

1 1/4 l Brühe aus Würfeln
500 g geschälte, geschnitt. Kartoffeln
200 g Suppengemüse, geschnitt.
zusammen garen
30 g durchw. Speck } ausbraten u.
2 Zwiebeln in □ } über die fertige Suppe
Würstchen oder Mettenden dazu
Viel Petersilie
Schinkenknochen kräftigen den Geschmack der Brühe.
Porreeringe roh in die fertige Suppe.

Hackfleischsuppe

250 g Hackfleisch in Öl anbraten, 3 Zwiebeln in □ dazu, Salz, Pfeffer u. Paprika, 1 l Würfelbrühe u. 500 g geschälte, geschnitt. Kartoffeln mitgaren.
3 Eßl. saure Sahne dazu, Weißbrot dazu reichen.

Schnelle Bohnensuppe

500 g Hack anbraten, dann 2 große, gehackt. Zwiebeln dazu u. mit 2 Tassen Wasser ablöschen, 2 große Dosen (1 l Dosen) weiße Bohnen 1 große Dose Tomatenmark, Salz, Pfeffer, Basilikum, Oregano u. Majoran hinzufügen, aufkochen u. abschmecken. Petersilie. Die Suppe soll dicklich sein.

Milchkartoffeln

1 kg geschälte, geschnitt. Kartoffeln in Salzwasser garen, 4-8 Kohlwürste hinzugeben, zum Schluß mit Milch auffüllen u. mit Mehl suppig binden. Kaßlerbauch würfeln, ausbraten u. über die Suppe geben. Petersilie. Hauptgericht auf Suppentellern Mettwurst oder Schinken dazu.

Erbsensuppe

500 g Erbsen 1 Nacht einweichen
2 l Wasser mit Suppengemüse,
Wurzeln, Stück Steckrübe, Zwiebeln,
Eisbein, Schinkenknochen, Schwarte,
Speck, Rippe - wie man es möchte -
kochen. 1 Std. geschälte u. geschnitt.
Kartoffeln mitgaren. 3 Std. Kochzeit
insgesamt.
event. Lungenwurst mitkochen
gebräunte Zwiebelringe auf die Suppe
Schuß Milch unterziehen, wegen
der Bekömmlichkeit
Sättigende Hauptmahlzeit.
Obstsalat hinterher essen, denn
das Vitamin C fördert die Eisenaufnahme im Köper, Eisen in Fleisch
u. Gemüse enthalten.

Gesellige Hülsenfrüchte = Kontaktlinsen.

Brokkolisuppe von J. Grevesser

1 kg Brokkoli vorbereiten, zerkleinern u. mit 1 Dose Pilze in Butter andünsten, even. 1 Zwiebel mitdünsten, mit 1/4 l Wein u. 3/4 Milch oder Würfelbrühe löschen u. 30 min. garen.
Etwas Gemüse herausnehmen, das andere mit dem Schneidstab pürieren. abschmecken mit 200 g Schmelzkäse, Worcester, Sojasauce, gem. Pfeffer, Salz Hauch Knoblauch, Zitrone u. mit Eigelb legieren.
Das Gemüse wieder dazu, nicht mehr kochen.
Mit Schneehaube u. gerösteten Mandelblättchen servieren.

Das Haar in der Suppe mißfällt uns sehr,
selbst wenn es vom Haupt der Geliebten wär!

Zwiebelsuppe

250 g Zwiebelringe in Butter hellgelb rösten,
4 Wachholderbeeren mit Zwiebeln u.
2 l Würfel- oder Fleischbrühe kochen.
Wein oder Portwein zum Abschmecken
In Tassen oder feuerfeste Form geben,
mit getoastetem, gebuttertem Weißbrot
belegen, hierauf 100 g gerieb. Käse
verteilen u. 5-10 Min. überbacken

Ochsenschwanzsuppe

wie Frische Suppe u. 1 Ochsenschwanz
Fleischklöße garen, dann anbraten
Pilze anbraten, Fleisch auch klein-
geschnitten anbraten, event. Zuckerfarbe and.
Brühe, mit viel Zitronensaft, Madeira,
Rotwein, Schuß Kognak u. 1 Pck. O-Suppe
ohne Nudeln von Maggi abschmecken.
Sahnehaube,

Bouillabaise = Fischsuppe

aus Fischgräten, Kopf u. Haut alles gut gesäubert u. Fischfilet eine Brühe kochen mit Salz, Lorbeer, Pfefferkörnern, Suppenkraut u. Zwiebeln. Brühe durchsieben, mit Fondor, Zitrone, Weißwein u. Sahne abschmecken, Fischfilet zerkleinern mit einer hellen Schwitze binden. Dill, Petersilie, Schnittlauch Meterbrot dazu reichen.

Kiemen nicht mitkochen, vorher aus dem Kopf entfernen.

Auch wer gegen den Strom schwimmt, schwimmt im Strom!

Tomatensuppe

1 1/2 l Wasser mit 500g Fleischknochen
u. Suppenkraut zu einer Brühe kochen,
4 Zwiebeln schneiden u. in Fett glasig
dünsten, Pfeffer, Zucker, Salz u.
Instant Brühe abschmecken,
1 kg Tomaten kleinschneiden,
dünsten, dann 30 Min. mit der
Brühe köcheln oder 1 Dose Tomaten.
je 1/2 Teel. Basilikum, Oregano,
Thymian, die Brühe durchsieben,
1/8 l süße Sahne oder Creme fraiche
Einlage: Fleischklößchen, Reis,
Eierstich, Schnittlauchröllchen,
Sahnehaube mit Salz und
Meerrettich oder Basilikum
abschmecken oder wenn
4 Bananen mitgedünstet wurden in
der Brühe, dann die Suppe m. Kokosraspel
bestreuen.

Schokoladensuppe

1 l Milch mit Zucker aufkochen
1 Pck. Schokopuddingpulver
1 Pr. Salz
2 Eßl. Kakao
mit etwas Milch ausrühren,
dann an die kochende Milch,
1 Eigelb zum Legieren
1 Eischnee süßen u. als Schneeklöße auf die fertige Suppe setzen, nicht mehr kochen, Deckel auflegen.

Zitronensuppe

1 l Wasser mit Zitronenschale u. St. Zimt kochen, 30 g Sago darin garen, ebenso 20 g gewaschene Rosinen
Saft von 2 Zitronen zum Abschmecken, Zucker, 1 Eigelb zum Legieren,
1 Eischnee süßen als Schneeklöße aufsetzen.

Stachelbeersuppe

1 l Milch mit 50 g Zucker aufkochen

50 g Zucker
4 ganze Eier
1 Eßl. Mehl
} schaumig rühren, die kochende Milch dazugeben, aufkochen lassen (gerinnt sehr schnell) u. hin- u. hergießen.

1 Dose Stachelbeeren ohne Flüssigkeit in die Suppe geben oder frische Stachelbeeren kurz in Zuckerwasser garen, dann in die Creme geben.
Zimtzucker dazu reichen.
Die Suppe schmeckt auch kalt.

Je mehr erlaubt ist,
desto langweiliger wird das Erlaubte!

Obstsuppe

Apfel-, Birnen-, Kirsch-, Pflaumen-, Stachelbeer- oder Rhabarbersuppe.

1 l Wasser u. 500 g Obst mit Zitronenschale u. Zimtstange u. Zucker kochen, mit Sago, Grieß u. Maiskernpuder binden.

Obstsuppen können warm oder kalt gegessen werden.

Als Einlage eignen sich Suppenmakronen, Zwieback, Grieß- oder Schwemmklößchen, Schneeklöße aus Eischnee.

Wer einen kalten Herd hat,
der wärmt sich gern in
fremden Küchen.

Soßen

Abzählreim:

Eins, zwei, drei: Butter auf den Brei,
Salz auf den Speck:
Du mußt weg!

Sauce Bearnaise

4-6 Eigelb werden mit 1-2 Eßl. Weißwein oder Wasser u. etwas Zitronensaft und Salz auf kleiner Flamme in einem kleinen Stieltopf mit Sandwichboden abgeschlagen. So gelingt die Soße ohne zu gerinnen: Automatikplatte auf 2 stellen, sollte sie doch einmal gerinnen, dann mit 2 Eigelb erneut beginnen u. die geronnene Creme langsam dazu geben.
Wenn die Eimasse eine dickliche Konsistenz aufweist, gibt man langsam 250g zerlassene, abgekühlte Butter hinzu. Besser ist es die Butter schon am Vortag zu schmelzen, um so am nächsten Tag die Molke abzugießen. Die Butter dann wieder leicht erwärmen. Die Creme wird

mit etwas Fleischextrakt von Liebig oder Fondor oder Herbadox von Lacroixgewürz, zum Lachs, Fondue, Filet u.s.w. reichen Kräuter untermengen.

Justus von Liebig, bedeutender deutscher Chemiker, 1803-1873, erfand das Backpulver, den Fleischextrakt u. den künstl. Mineraldünger u.v.a.m.

Sauce hollandaise

zubereiten wie Sauce bearnaise
ohne Kräuter,
zum Überbacken, zu Stangenspargel, Staudensellerie, Blumenkohl, Pilzen, Fisch u.s.w.

Der Klügere gibt solange nach,
bis er der Dumme ist!

Speck- u. Zwiebelsoße

2 Zwiebeln in □ schneiden, in
60g Speck in □ auslassen
40g Butter
60g Mehl
} Schwitze mit
1/2 l Milch ablöschen, mit Salz abschmecken
u. aufkochen. Mit Butterflöckchen verfeinern,
nicht mehr umrühren.
Lecker zu Matjes u. Pellkartoffeln.

Petersiliensoße

40g Fett mit 50g Mehl anschwitzen,
1/2 l Milch dazu geben u. aufkochen
Salz u. gehackte Petersilie
Zu gebratenen Fischen reichen.

Stippe - Dippe

125g Quark, 1 Becher Creme fraiche u.
ca 1/2 Tüte Zwiebelsuppe verrühren u.
einige Std. durchziehen lassen.
Geeignet zum Grillabend zu Fleisch u.
rohem Gemüse.

Currysoße

Apfelscheiben mit Schale in Butter
anschwitzen, dann mit reichlich
Curry ausschwenken
50g Butter } zu den Curryäpfeln
50g Mehl } geben u. die Schwitke mit
1/2 l Milch u. etwas Obstsaft
löschen, salzen u. durchsieben.
Lecker zu Putensteak

oder:

1 Glas Mayonnaise }
1-2 Eßl. geschlag. Sahne } verrühren
1/2 Teel. Curry

1/2 Dose Mandarinen } kurz vor
25 g gehackte Mandeln } dem Servie-
ren untermischen.
zu Fisch, Fondue, Suppenfleisch
u. Kurzgebratenem.

Cocktailsoße

1 Teil Mayonnaise (1 Becher)
2 Teile geschlagene, süße Sahne (2 Becher)
etwas Ketchup, 1 Spritzer Worcester,
etwas Zitronensaft, Salz u. Zucker
1 Schuß Kognak
alles gut verrühren u. abschmecken
geeignet für Cocktails: Krabben,
Shrimps, Garnelen, Matjes, Melonen,
Soße zur Fehmarnplatte u.s.w.

Remoulade

125 g Mayonnaise, 100 g Quark,
Cornichons in □, 1 Teel. Senf, Salz
u. Zucker, Zitrone ½, Kapern,
Schnittlauchröllchen, Dill, Kresse,
Petersilie
zu Kaßler, Roastbeef u.s.w.

Essigmarinade

3-5 Eßl. Öl, Salz, Zucker, Pfeffer
gewürfelte Zwiebeln
1-3 Eßl. Essig, besser Zitronensaft
zu Bohnensalat passen dann noch
40 g ausgebratene Speckwürfel
geeignet für alle Salate.

Senfmarinade

6 Eßl. Öl, je ½ Teel. Basilikum, Oregano,
Thymian, 1 Eßl. Ketchup, 2 Teel. Senf
Salz u. Pfeffer, 1 Teel. Zucker event.
Marinade zum Würzen v. Fleisch u. Fisch.

Sahnemarinade

1 Becher süße oder saure Sahne wenig
schlagen, Zitronensaft, Zucker u. Salz
n. Geschmack, geeignet für grünen Salat,
Eisbergsalat u. Chinakohl.

Tomatensoße

50g Fett auslassen, darin 1 gehackte
Zwiebel glasig dünsten
40g Mehl zum Anschwitzen
2 Eßl. Tomatenmark, dazu dann
1/2 l Milch oder Brühe, aufkochen
Sahne oder Creme fraiche zum Verfeinern
Salz und Zucker zum Abschmecken
zu Nudeln, Makkaroniauflauf u.s.w.

Käsecreme zum Überbacken

20g Butter 1 Eigelb 1-2 Eßl. Dosenmilch 15g Maiskernpuder 50-75g gerieb. Käse	alles auf kleiner Flamme abschlagen

geeignet zum Überbacken von Toast

Kräutersahnesoße

2 Bund gemischte Kräuter
1 Zitrone
2 Becher Creme fraiche
1 Becher Dickmilch (500g)
1/8 l Öl
Salz, Pfeffer, Pr. Zucker

Diese Salatsoße ist im Kühlschrank 1 Woche haltbar, zum Grillabend, zu Kaßler u.s.w.

Käsecremesoße

1/8 l Wasser
3 Eigelb
1 Eßl. Pudermehl

dicklich auf kleiner Flamme abschlagen, dann

80 g weiche Butter
3 Eßl saure Sahne
65 g gerieb. Käse

hinzufügen u. mit Salz u. Pfeffer abschmecken.

zu Fisch, Fleisch u.s.w.

Senfsoße

40 g Fett und 50 g Mehl mit 1 gehackten Zwiebel dünsten, dann
1/2 l Milch oder Brühe hinzufügen u. mit 2 Eßl. Senf, Salz und Zucker aufkochen und abschmecken.
zu Kochfisch, gekochten Eiern u.s.w.

Delikate Senfsoße,

die auch Kinder und anspruchvolle ..
gerne essen, bitte ausprobieren.
100 g Senf erhitzen, 200 g flüssige Butter langsam unterschlagen, dann 1/4 l süße Sahne unterrühren, Salz u. Zucker zum Abschmecken.

Senfbuttersoße

125 g Butter erhitzen, 1 Eßl. Senf dazu u. köcheln lassen. Reicht man auch zu gekochtem Fisch u. gekocht. Suppenfleisch

Soßen zum Fondue

100g Mayonnaise, 1 Eßl. Sahne,
1 Teel. Johannisbeergelee,
2 Teel. Curry
verrühren u. pikant abschmecken!

150g Dosen Aprikosen }
1 Kl. Zwiebel } pürieren
2 Eßl. Aprikosensaft
2 Eßl. Zitronensaft
75g 50%ige Mayonnaise
Herbadox Würze

6 Eßl. Preiselbeerkompott
3 Eßl. Meerrettich
2 Eßl. Creme fraiche
1 Eßl. Kognak, Salz

Preiselbeer- oder Apfelsahne z. Camembert

Echte Vanillecreme

1/2 l Milch mit 1 Stg. Vanille und etwas Zucker aufkochen. 4-6 Eigelb mit 70 g Zucker und 1/2 Teel. Mehl cremig rühren. Die kochende Milch unter Rühren dazugeben, die Creme wieder in den Kochtopf gießen, kurz aufwallen lassen, zum Abkühlen u. damit die Creme nicht gerinnt, öfter hin und her gießen.

Lecker zu Schokoladenpudding, Schokoeis, Bratäpfeln, Baiser, Obstsülze usw.

Verfeinern läßt sich die Creme noch mit geschlagener süßer Sahne.

Für Vanillebuttercreme müßte die Creme mit 1 gehäuften Teel. Mehl gekocht werden, dann erkaltet an 250 g cremige Butter rühren.

Wenn ick bi de Arbeit man sidden kann, will ick gern bi't Eten ok liggn.

Kirschsoße

1 Glas Schattenmorellen aufkochen u. mit 2 Eßl. Maiskernpuder andicken, 1 Schuß Rum dazu geben.
zu Vanilleeis oder -pudding, Reisauflauf, Mehlbeutel u.s.w.

Saftsoße

1/4 l roter Saft }
1/4 l Wasser } aufkochen und mit 2 Eßl. Maiskernpuder binden, Maiskernpuder ist besser als Kartoffelmehl, dann würde die Soße Fäden ziehen.
Kirschen roh Seite 407 oder Johannisbeerkompott S. 407 unterziehen.
event. noch süßen.

Karamelsoße

100g Zucker im Kochtopf bräunen, mit 1/8 l Wasser löschen, dann 1/2 l kochende Milch zufügen u. mit 2 Eßl. Speisestärke binden, vorher mit Milch ausrühren oder 1 Eigelb nehmen.

Schaumsoße

1/2 Pck. Vanille-Soßenpulver
70g Zucker
1 Ei
1 Eigelb
Saft von 2 Zitronen oder 1/8 l Wein oder 1/8 l Apfelsinensaft u. 1 Eßl. Zitronensaft
1/8 l Wasser
Auf kleiner Flamme dicklich abschlagen, zu Mehlspeisen reichen.

Schokoladensoße

200 g bittere Schokolade ⎫
1/4 l Sahne ⎭ erwärmen
1 Stck. Butter unterrühren
Schuß Rum
man kann geschnittene Ingwerpflaumen untermischen
event. mit Schokoladenpudding andicken
warm zu Vanilleeis servieren.

Nuß-Nougat-Creme

200 g nutella
150 g Creme fraiche
5 EßI. Rum ca.
alles gut verrühren u. zum Eis servieren

Dressing

Cocktailsauce u. 1 Pckg. „Gemischt. Salat".

Was ist was?

Arrak	Reis- u. Zuckerrohr Branntwein
Aquavit	skand. Kornbranntwein
Bacardi	Rum aus Cuba
Barackpalinka	Ungarischer Aprikosenschnaps
Bergamottlikör	aus Birnen
Brandy	Weinbrand
Calvados	Französischer Apfelschnaps
Cassis	Johannisbeerlikör
Champagner	Französischer Schaumwein
Cognac	Französischer Weinbrand
Genever	niederländischer Wachholderwein
Gin	englischer Branntwein
Grappa	italien. Tresterbranntwein
Grenadin	gefärbt. roter Sirup aus Granatäpfe
Madeira	Portugis. Wein
Pernod	Kräuterwein aus der Schweiz
Rum	Trinkbranntwein
Sherry	Spanischer Wein
Slivowitz	Pflaumenbranntwein
Steinhäger	Branntwein mit Wachholdergesch
van der Hum	Südafrikanischer Edellikör
Vermouth	Kräuterwein
Weinbrand	Branntwein aus Wein
Whisky	Getreidebranntwein

Getränke

Es ist ein Brauch von alters her,
wer Sorgen hat, hat auch Likör.
Doch wer zufrieden und vergnügt
sieht auch zu, daß er welchen kriegt.

Alexander Cocktail

2 cl Kognak
2 cl Creme de Cacao weiß } mit Eis
2 cl Sahne } schütteln
mit Kakaopuder bestäuben.
Gut nach dem Essen zu trinken!

Grasshopper

Lecker!

2 cl Creme de Cacao weiß } mit
2 cl Pfefferminzlikör } Eis
2 cl Sahne } schütteln

Rauhreif-Cocktail

nach dem Essen

1/3 Zitronensaft
1/3 Gin
1/3 Orangenlikör
Schuß Rum u. Grenadine, Spritzer Angostura.

Die Ränder der Gläser mit Zuckerrand?

White Lady

2 cl Gin
2 cl Curacao weiß
2 cl Zitronensaft
} mit Eis schütteln

mit Curacao blau = Blue Lady

Erni's Windstärke 10

da gehen die Wogen hoch

1 Gläschen Wodka
1 " Aprikot Brandy
etwas Zitronensaft
mit Sekt auffüllen

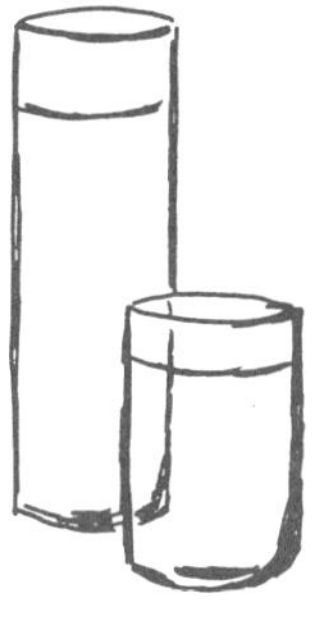

Umhauer-Cocktail

1/3 Kirschlikör
1/3 Wodka
1/3 Williams Christ
} gut mischen, mit Sekt auffüllen!

als Empfangscocktail geeignet.

Prince of Wales

1 Glas Kognak
1 " Orangenlikör
Sekt zum Auffüllen
Eine Scheibe Apfelsine schwimmt auf dem Getränk, darauf 1 Stck. Würfelzucker, vorher an einer ungespritzten Apfelsine reiben.
In Glas mit Zuckerrand servieren: ½ cm des Glases taucht man in Zitronensaft, dann in Zucker!
Strohhalm!

Ob es schon nach einem Glas klappt?
In Ulm und um Ulm
und um Ulm herum!

Bongo-Night

4 cl Bongo
2 cl weißer Rum
4 cl Orangensaft
4 cl Ananassaft

gemischt
eisgekühlt
servieren.

sehr erfrischend!

Cinzano „Palm Beach"

Cinzano Blanco oder Dry plus
gleiche Menge Orangensaft, dazu
jeweils ein Schuß Zitronensaft u.
Grenadine.
Eis- oder Mineralwassereinwürfel
Durstlöscher!

Orange Blossom

4 cl Gin, 2 cl Orangensaft ausgepreßt
Orangensaft aus Flaschen dazu
Erfrischend!

Kir Royal – Kir del Sole

1 Fl. Sekt kalt stellen
schwarzer Johannisbeerlikör = Creme de Cassis
8 Gläser mit Sekt oder Wein auffüllen,
dann 1 cl Likör langsam am Rand
des Sektglases in den Sekt oder Wein
gießen. Der Likör sollte unten im Glas bleiben
Kir del Sole = mit Wein = weißer Bordeau.
Elegantes Getränk!

Sektcocktail

2 cl Orangenlikör } mit Eiswürfeln
2 cl Cognac } gut mischen, dann
in Sektgläser füllen und mit Sekt
auffüllen. Eine Cocktailkirsche dazugeben

Das Geld gleicht dem Ostseewasser:
Je mehr man davon trinkt, desto
durstiger wird man!

Feuerzangenbowle

3 Fl. Rotwein
1/2 Fl. Rum 50%
3 Orangen
2 Zitronen } auspressen
4 Gewürznelken
1 Zimtstange

} alles erhitzen, außer Rum

1 Zuckerhut, der mit etwas Rum getränkt wird, mit einer Zange über das Bowlengefäß legen u. anzünden. Rest Rum nach u. nach mit einem Löffel über den brennenden Zuckerhut gießen. Umrühren u. in Groggläsern servieren.

Ich geh' kaputt, gehst Du mit?

Holsteiner Teepunsch

3 Tassen Tee mit Zitronenschale
Saft einer Zitrone hinzufügen
200g weißer Kandis
1 Fl. Weißwein
alles kurz aufwallen lassen, nicht kochen, dann 1-2 Gläser Rum hinzu.

Punsch aus Orangen

2 l Wasser
1kg Zucker
Saft und Schale einer ½ Zitrone } aufkochen
4 Orangen auspressen
1 Fl. Rum
1 Fl. Rotwein } hinzufügen
Getränk für Sylvester!

Die Vernunft spricht leise,
deshalb wird sie oft nicht gehört!

Fliederbeer - Punsch

1/2 l Apfelschnaps
1/4 l Fliederbeersaft
2 Tassen Tiefkühl-Himbeeren
1 Teel. Zimt
alles erhitzen! In Groggläser servieren!

Orangen-Sekt

2 cl Orangenlikör
2 cl frischen Orangensaft
1/2 cl " Zitronensaft
1 Spritzer Grenadine

alles mit Eiswürfel schütteln, durchsieben u. dann mit Sekt auffüllen u. servieren.

Grüne Wiese

2 cl Curacao blue in ein Bierglas geben, Eiswürfel, dann mit Sekt u. Orangensaft auffüllen bis eine schöne grüne Farbe entsteht.
Longdrink mit Strohhalm servieren!

Grog

Als der engl. Admiral Vernon (1684 - 1757) wahrscheinlich aus gegebenem Anlaß die Rumrationen der Matrosen mit Wasser strecken ließ, hätte es fast eine Meuterei gegeben. Aus Rache verpaßten die von Stund' an nicht mehr ganz so blauen Jungs ihrem Boß den Spiknamen „Old Grog" – nach seinem Überrock aus Kamelhaar-Grogam.

Heute würde man sagen – sie waren groggy. So wurde aus dem Rumwasser der Grog. Das Grogkollegium aus Heiligenhafen hat ihm zu Ehren am alten Yachthafen ein Denkmal gesetzt.

Initiator:

Herr Kurdirektor Schnoor

Heiligenhafen ist auf dem „Grog-Äquator"
54° 22' 23" nördlicher Breite]
10° 59' östlicher Länge] angesiedelt.
Die 54° stimmen mit den 54 Vol.%
von Rumsorten überein, die zum
steifen Grog verwendet werden.

Rumgrog

Wasser sprudelnd kochen lassen, vorgewärmte Groggläser mit Teelöffel oder Glasstöpsel mit 1-2 Stck. Würfelzucker vorbereiten, kochendes Wasser aufgießen, solange rühren bis sich der Zucker auflöst, nun nach Geschmack angewärmten Rum oder Whisky hinzufügen.

Rum und Rotwein = bunter Grog oder
1½ Eßl. Rum
1½ Eßl. Zitronensaft
kochendes Wasser und dann mit Johannisbeerlikör auffüllen. Lecker!

„Rumo" sagte der Mann an der Theke, denn er wollte gleich mehrere.

Rum muß, Zucker kann und Wasser braucht nicht sein, meinte der Seemann.

Eiergrog

Pro Glas 1 Eigelb mit 1 Eßl. Zucker u. 1 Teel. Honig schaumig rühren, dann mit kochendem Wasser auffüllen u. mit einem guten Schuß Rum abrunden. Mit Muskat bestäuben u. einer Zimtstange umrühren. Lecker!

Prost! sagt man in Norddeutschland

Gezontheit! Alles van de beste!
sagt man in den Niederlanden

Rotweingrog

1 Fl. Rotwein mit 2 Gewürznelken u. 40g Kandis erhitzen, in Gläser füllen (6) eine Apfelsinenscheibe auflegen u. mit einem Stück Würfelzucker mit 54% Rum beträufelt dekorieren u. anzünden.

Rotwein-Flip

4 Eigelb
8 Teel. Zucker } schaumig rühren, dann
1/2 l Rotwein dazugeben, mit Muskatnuß abschmecken. (Hauch)
Mit Eiswürfeln sofort servieren.

Schenke den Fröhlichen Wein, und den Weinenden Fröhlichkeit!

Eskimo - Flip

1 l Milch
4 Eigelb
2 P. -Zucker
Zucker
} schaumig rühren

1 Zitronensaft
1/4 l Weißwein
2 cl Weinbrand
} mischen u. an die Eiermilch

1/4 l geschlagene Sahne zum Verzieren. Lecker süffig!

Zitronenflip für Kinder

Saft einer Orange u. 1/2 Zitrone
1 Ei, 2 Eßl. Zucker, 1/2 Becher Yoghurt
alles verquirlen
1/2 l kalte Milch hinzu, abschmecken.
Mit Strohhalm servieren.

Kinderbowle

Obstsaft mit Mineralwasser mischen
Früchte oder Vanilleeis oder Zitronen-
saft dazu geben
Gummibärchen in Mineralwasser-
eiswürfel einfrieren
Strohhalm nicht vergessen.

Milchshake

Obst im Mixer nach Geschmack
pürieren, 1 Eßl. Quark, 1 Eßl.
Yoghurt, etwas Zitronensaft,
Zucker, 2 V.-Zucker hinzufügen
mit 1 l Milch auffüllen.
Man kann Vanilleeis dazu tun.
Strohhalm.

Evviva! Salute! sagt man Italien

Teebowle

1/2 l schwarzer Tee
1 Apfelsinenschale in den heißen Tee
u. 10 Min. ziehen lassen, durch-
sieben u. kaltstellen.
1/4 l Orangenlikör
1 Zitronensaft
1/4 l Doppelkorn (38%)
1 Spritzer Angostura = Bitterlikör
Zucker nach Geschmack
alles mischen mit dem Tee
u. 1/2 Fl. Sekt dazugeben.
in jedes Glas 3 Mandarinen a.d. Dose.

Schwarzen Tee höchstens 5 Min.
ziehen lassen. (Assam, Ceylon, Darjeeling)
2 Min. Ziehdauer = anregend
längere " = beruhigend

Tee-Cocktail

ein echter Durstlöscher

2 Tassen schwarzer Tee

4 Tassen Traubensaft

2 Tassen Grapefruitsaft

4 Tassen Mineralwasser

Zucker nach Geschmack

1 Eßl. Tee mit 2 Tassen Wasser aufbrühen, durchsieben u. mit den anderen Zutaten mischen.

Barley-Wasser

ein Muntermacher bei langen Autofahrt.

1 1/2 l Wasser

5 Eßl. gewaschene Gerste (Barley)

Schale einer unbeh. Zitrone

alles 1 Std. köcheln lassen, durchsieben u. 1-2 Eßl. Honig und 1 Zitronensaft hinzufügen.

Kiwi-Bowle

4 Kiwi in Scheiben schneiden ⎫ 1 Std.
1 Fl. Kiwi Likör ⎭ ziehen lassen
2 Fl. Schweppes
1 Fl. Sekt

ein fruchtiges Getränk!

Kalte Ente Bowle

2 Fl. Moselwein
1 Fl. Rheinwein
Schale einer unbeh. Zitrone spiralenförmig 1/2 Std. in den Wein hängen
1 Fl. Sekt
oder mit Früchten wie Ananas, Erdbeeren, Mandarinen u.s.w = Bowle
Nicht mit Eiswürfeln verwässern, dann lieber Wein kurz gefrieren lassen.

Maljanne! sagt man in Finnland.

Sangria

3 unbehandelte Apfelsinen in Scheiben schneiden
50-75 g Zucker darauf u. 1/4 Std. ziehen lassen
1 Fl. Rotwein
1 Zitrone, 3 Apfelsinensaft
Die Zitronenschale als Spirale in das Getränk legen
1 Fl. Sekt hinzugeben, vorher durchsieben.

Salud! sagt man in Spanien
Skal ! sagt man in Schweden
bezw. Skandinavien
Na zdorovje! sagt man in Rußland
A votre santé! sagt man in Frankreich
To your health! sagt man in England

Cafe de Cacao

1/4 l frischgefilterter Kaffee
1 Schnapsglas Kognak
2 " gläser Creme de Cacao (Likör)
1/4 l kalte Milch
2 Eigelb
1 Eßl. Kakao
2-3 Eßl. Puderzucker } schaumig rühren,
dann alle anderen Zutaten hinzu u. auf 4 Gläser verteilen, in jedes Glas 2 Bällchen Vanilleeis. Lecker!

Pharisäer

4-8 Teel. Zucker
8-12 Eßl. hochpr. Rum erwärmen
etwa 1/4 l heißen Kaffee
1 Becher geschlagene Sahne als Haube obenauf
In vorgewärmten Tassen servieren!

Klaustorfer Schneegestöber

Bowlengemisch aus dem Schneewinter 1978/79

2 Fl. Orangensaft
1 Fl. Wodka
3 Dosen Mandarinen
} mischen

1 kg Vanilleeis als Kugeln in die Gläser füllen, dann mit der Bowle auffüllen, Teelöffel dazu servieren

Inseltraum

1/3 Apricot Brandy
1/3 Bananenlikör
1/3 Rum 54%
mit Orangensaft auffüllen
je Glas 2 Kugeln Vanilleeis
1 Schuß Grenadine darüber

Gesundheit ist nicht alles,
aber ohne Gesundheit ist alles nichts!

Eierlikör von Kirsten

200g Puderzucker durchsieben, mit
7 Eigelb schaumig rühren,
(7 Eiweiß für Eiweißtorte S.)
1 V.-Zucker, Mark 1/2 Stg. Vanille
1/8 l süße, ungeschl. Sahne
340g Dosenmilch
1/8 l 96% Alkohol a.d. Apotheke

Schlehenlikör

500g reife Schlehen im Gefrierschrank schocken, um das Aroma zu entwickeln.
125g brauner Kandis
0,7 l Doppelkorn 38%
alles in ein passendes Gefäß geben u. bei Zimmertemperatur 8 Wochen geschlossen stehen lassen, dann filtern u. abfüllen.
8 Wochen stehen lassen ?!?

Aufgesetzter Kosakenkaffee

1 Fl. Doppelkorn 38%
100 g Zucker
2 V.-Zucker
2 Stg. Zimt
etwa 100 Kaffeebohnen
1 Teel. Kakao

alles in ein l Flasche füllen u. 4 Tage stehen lassen, immer mal schütteln, dann filtern u. fertig ist der Likör.

Es ist ein Brauch von alters her,
wer Sorgen hat, hat auch Likör.
Doch wer zufrieden und vergnügt
sieht auch zu, daß er welchen kriegt!

Sterilisationstabelle für Obst u. Gemüse

Obst/Gemüse	Hitze für Gläser	1/4-3/4 l	1 l	1½-2 l
Äpfel	80 Grad C	15 Min.	30 Min.	35 Min.
Birnen	90	20-25	35-45	30-50
Kirschen	80	20	25	30
Pfirsiche	80	25	30	30
Pflaumen	80	25	30	30
Rhabarber	80	15	30	35
Stachelbeer.	80	20	20	25
Apfelmus	90	30		
Kürbis	90	15		
Erbsen	98	110	110	120
Bohnen	98	120	120	130
Wurzeln	98	120	120	130
Rotkohl	98	80	90	110
Gurken	80		15-20	
Tomaten	80-98	10-30	35	35
Grünkohl	98	100	110	120
Spargel	98	120	120	130
Pilze	98	90	90	100
Marmelade	90	15	20	20

Eingemachtes

Lieber mixed-pickles
als Akne.

Saft aus rohen Früchten

1500 g Früchte
1 1/2 l kochendes Wasser }
42 g Weinsteinsäure } mischen u.
über die Früchte gießen, dann 24 Std.
zugedeckt stehen lassen.
1500 g Zucker in ein Gefäß geben
u. den Saft von den durchgesiebten
Früchten dazugeben u. solange
rühren bis der Zucker aufgelöst ist.
Abfüllen - fertig.
besond. geeignet für Erdbeeren
u. Himbeeren.

Schlehengelee

1 kg Schlehen im Gefrierschrank gefrieren lassen
500g saure Äpfel vierteln, Kerngehäuse entfernen
3 Eßl. Zitronensaft
Gelierzucker (4 Teile auf 3 Teile Saft)
Alles mit 1½ l Wasser zum Kochen bringen u. 1 Std. köcheln, auf einem Mulltuch abtropfen lassen, dann mit Gelierzucker zum Kochen bringen u. 4 Min. kochen.
In Gläser füllen u. verschließen.

Pflaumenmarmelade

3 kg Pflaumen entsteinen u. mit 1 kg Zucker zuckern, am nächsten Tag 1 Std. kochen. Die Pflaumen vor dem Zuckern kleinschneiden. Auch als Füllung f. Berliner!

Kanada-Salat von Karin Voigt

1 Kopf Eisbergsalat, 2 Bananen, 1 kl. Dose Ananas, 1 Dose Mandarinen, 4 gekochte Eier oder 1 Dose Thunfisch oder 4 Tomaten.

Dressing erst kurz vor dem Servieren über den Salat gießen.

Knackiges Brot dazu essen.

Dressing: 1 Glas Mayonnaise, 1 Becher saure Sahne, Salz, Pfeffer, Zucker, Zitronensaft, 2 Eßl. Ketchup, etwas Dosenmilch, 1 feingehackte Zwiebel, Dill.

Rhabarber-Erdbeer-Marmelade

500 g roten Rhabarber in 1 cm große Stücke

800 g Erdbeeren vierteln, beides vorbereitet gewogen, Saft einer Zitrone.

1000 g Gelierzucker, 500 g Zucker u. 1/2 Pk. Gelierhilfe, 1 Teel. Zimt, alles mit den Früchten zum Kochen bringen, 4 Min. sprudelnd kochen lassen, dann in Gläser füllen.

Johannisbeerkompott

1½ kg Johannisbeeren waschen u. entstielen, 750g Zucker mit etwas Wasser klarkochen, die Beeren hineingeben u. aufkochen, auf einem Sieb abtropfen lassen, Saft auffangen u. aufkochen u. abschäumen, dann 1 Tag mit den Beeren gemischt stehen lassen u. dann noch einmal aufkochen. In Gläser füllen! Geeignet für Saftsoßen zum Grieß- oder Vanillepudding u. auch zu Pfannkuchen reichen.

Kirschen, roh

1 kg Kirschfleisch
500 g Zucker
1½ g Einmachhilfe

} 4 Tage immer mal umrühren, in Gläser, fertig.

für Torten, Soßen, Eis u.s.w.

Rote Bete

Ganze, gewaschen Rote Bete ca 2 Std. kochen, abkühlen lassen, dann die Haut abziehen u. in 1cm dicke Scheiben schneiden.

1 Eßl. Gurkengewürz
2-3 Zwiebeln
2-3 Stg. Meerrettich
Dill

Flüssigkeit: 1 l Weinessig
1 l Wasser
1 Eßl. Salz
250 g Zucker
aufkochen, dann mit den Gewürzen im Mullbeutel über die r. Bete gießen. 2-3 Mon. haltbar.

Kürbis

2 kg geschälte u. in Würfel geschnittene Kürbis in die kochende Flüssigkeit:

1/2 l Weinessig

1/2 l Wasser

750 g Zucker

Ingwer, Nelkenköpfe, Zimtstange, Vanillestange, Zitronenschale

alles zusammen aufkochen, dann die Kürbis darin glasig kochen Kürbis herausnehmen u. die Lösung noch etwas einkochen lassen, dann wieder über die Kürbisstücke gießen u. in Gläser füllen.

Gurken, süßsauer, ohne Kochen

10 kg große, grüne Gurken schälen, aushöhlen mit einem Löffel, waschen u. wiegen, ergeben ca 5 kg Gurkenstücke

1 kg Zucker
75g Salz
1 Tüte Einmachhilfe

} mischen u. mit den Gurken vermengen, dann

2½ - 3 Striche Essig-Essenz dazutun

Gewürz nach Belieben: Dill, Senf, Lorbeer, Pfeffer, Zwiebeln, Meerrettich, viele Zwiebeln

2-3 Std. stehen lassen und immer mal umrühren, dann mit der Flüssigkeit (bildet sich während des Umrührens) in Gläser füllen. Knackige Gurken!

Griebenschmalz

500g Flomenfett in □, kleine □
500g fetten Speck in □, " □
je 5 Nelkenköpfe u. Pimentkörner
zusammen langsam ausbraten
200g durchwachsenen Speck in □ etwas
später dazu geben u. die Grieben
bräunen, dann 4 feingehackte Zwiebeln
dazu, mit Pfeffer abschmecken.
Erkalten lassen, abfüllen u. mit
Mandelblättchen bestreuen.
Delikat als Brotaufstrich auf Vollkorn.

Es ist schade, daß Unzufriedenheit
sehr viel ansteckender ist als
Zufriedenheit!

Empfehlungen der Diätassistentin
Doris Weiland, geb. Detlef

Diese Diätempfehlungen sollen eine Einführung sein, daher sollte man bei der entsprechenden Krankheit den ärztlichen Rat streng befolgen und eventuell ein weiterführendes Buch lesen oder sich genau beraten lassen.

Deutsche Gesellschaft für Ernährung e. V.

6000 Frankfurt am Main.

Diät

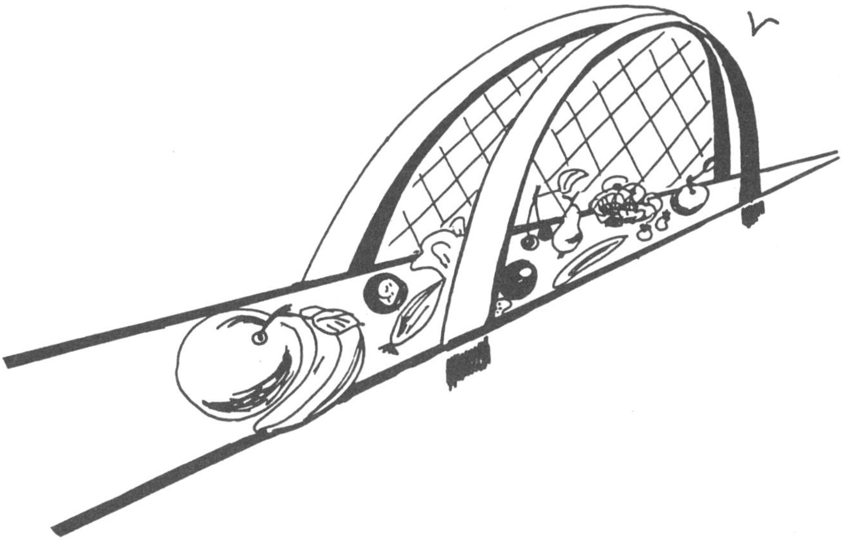

Ringel, Rangel, Rose
Butter in der Dose
Schmalz in dem Kasten,
morgen woll'n wir fasten!

Reduktionskost oder „F. d. H."
bei Übergewicht

Übergewicht hat viele Ursachen. (Fehlernährung, mangelnde, körperliche Aktivitäten) und viele Folgen, event. Herz-Kreislauferkrankungen, aber auch geringere Unbehaglichkeiten. Wir haben unsere natürlichen Hunger- und Sättigungsgefühle verloren, daher müssen wir lernen, sie wieder wahrzunehmen.

Übergewichtige, die gewillt sind abzunehmen, müssen unbedingt in der Ernährungslehre und Warenkunde geschult werden, um eine Selbstberechnung der Nahrungsaufnahme durchführen zu können. Als Hilfsmittel eignen sich die Nährwerttabellen der Deutschen Gesellschaft für Ernährung u.

eine Waage mit genauer Gliederung.
Zuerst braucht man erstmal eine gute Motivation (zu enge Kleidung, Blick in den Spiegel oder auf die Waage, Krankheit oder ein anderes bestimmtes Schlüsselerlebnis) um genug Willen und Zeit aufzubringen für die Diät. Einseitige Extremkuren sollte man nicht durchführen, da sie keine Lerneffekte auf eine Umstellung der bisherigen Fehlernährung haben und wenn, dann nur unter ärztlicher Kontrolle.
Also am besten eine an Nährstoffen ausgewogene, vollwertige Mischkost. In den ersten Tagen bis zu einem Monat werden sich gute Erfolge einstellen, dann gibt es aber oft einen längeren Stillstand des Gewichts trotz Diät, danach aber wieder gute Gewichtsverluste.

Einige Tips zum Durchhalten!

1. neben Essensplan auch Gewichtskurve mit festgesetztem Ziel anlegen.
2. festen Eßplatz einnehmen
3. langsam und bewußt essen, also Kalorientabelle
4. satt zum Einkaufen gehen
5. regelmäßige köperliche Bewegung.
6. bei Einladungen möglichst nicht inkonsequent werden.
7. belohnen Sie sich für Erfolge z.B. mit einem Blumenstrauß
8. Heißhungergefühle protokollieren mit den Symptomen u. event. Ursachen z.B. Nervosität, Konflikte, Langeweile oder ähnlichen.
9. am besten die Eßgewohnheiten der ganzen Familie ändern. F.d.H.?

Grundsätze der Reduktionskost:

Pro Tag ca 4200 - 5000 K Joule
(1000 - 1200 kcal)
davon 45 g in Fett (½ davon in Streich- u. Bratfett)
70 g in Protein
70 g in Kohlehydraten
und diese in 5-6 Mahlzeiten aufteilen.
siehe Tageskostplan.
Salz braucht nicht eingeschränkt werden.
Alkohol enthält auch Kalorien.
Mineralwasser, Kaffee u. Tee trinken.
Mit Süßstoff oder gar nicht süßen.
Fettarme Koch- und Küchentechniken wählen, z. B. garen in Folie od. dünsten
Fettarme Fleisch- u. Wurstsorten wählen:
Geflügelwurst, Corned Beef, geräucherter od. gekochter Schinken ohne Fett.
Tee-, Leber- u. Mettwurst sind sehr fett.

Käse ist bis 30% F.i.Tr. erlaubt =
Fett in der Trockenmasse, auf der Packung verzeichnet.

Keine Süßigkeiten u. Kuchen, dafür ballaststoffreiche Ernährung, um einer Verstopfung vorzubeugen.

Für zwischendurch: Tomaten, Gurken, grüner Salat in Zitrone u. Süßstoff
Zitronen- u. Teegelee mit Süßstoff.

statt 1. Frühstück: Müsli

1 Apfel, 2 Eßl. Haferflocken, 1 Eßl. Zitronensaft, 1 Eßl. Yoghurt, 1 Teel. Honig, 1 Eßl. geriebene Nüsse

abends: Käsesalat u. Paprika

50 g 30% Schnittkäse, 1 Tomate, ½ Paprikaschote, 1 Eßl. Zwiebel, 1 Teel. Öl, 1 Teel. Weinessig, Pfeffer, Paprika, Dill.

Tageskostplan 4200 K Joule

1. Frühstück: 1 Scheibe Vollkornbrot
5 g Butter, 20 g magerer Aufschnitt,
Kaffee oder Tee mit event. fettarmer Milch

2. Frühstück: 150 g Magermilchyoghurt
oder anderes fettarmes Milchprodukt

Mittagessen: 100 g fettarmes Fleisch od.
150 g fettarmes Fischfilet in wenig Öl gebraten, 150 g Gemüse, 60 g Kartoffeln
oder 15 g Nudeln oder 15 g Reis
100 g Obst zum Nachtisch

am Nachmittag: 1 Knäckebrot, 5 g
Butter, Kaffee oder Tee

Abendessen: 1 Scheibe Vollkornbrot
5 g Butter, 100 g geräuch. Schellfisch od.
magerer Aufschnitt, Salat aus:
Kopfsalat, 10 g Zwiebeln, 30 g Yoghurt

später am Abend: 100 g Obst = 1 Apfel od.
1 Birne, 1/2 Banane, 1/8 Wassermelone u.a.

Mittagessen: Tomaten-Käse-Auflauf

20g Natur eis kochen u. in eine gefettete Auflaufform füllen, 200g Tomaten in Scheiben mit Oregano einschichten. 75g Magenjoghurt u. 40g körniger Frischkäse mit Sojasoße, Pfeffer u. Oregano würzen u. darauf verteilen, 1 Eßl. Parmesan zum Bestreuen
20 Min. 180° überbacken.

Ballaststoffreiche Kost, die Ernährungsform bei Verstopfung (Opstipation, außer bei spastischer Opstipation)
Bei Normalgewicht sollten Sie etwas fettreicher essen (Gleitmittel) ansonsten eine gemischte Normalkost mit besonders viel rohem Gemüse, jeder Art, 2. rohem Obst mit Schale (z. B. bei Äpfel) 3. Vollkorn- und

Knäckebrot
4. Obst- und Gemüsesäfte
5. Sauermilchprodukten
6. Rosinen, Nüsse
vermeiden sollte man:
Backwaren, Schokolade, Bananen, schwarzen Tee, Feinbrot u. Brötchen.
Wenn Sie Weisenschrot oder Leinsamen untermischen oder essen, müssen Sie es immer gleichzeitig mit viel Flüssigkeit zu sich nehmen.
(sonst wirkt es eher stopfend)
1-2 Eßl. Milchzucker pro Tag hat durchschlagende Wirkung (Drogerie)
Tips für morgens auf nüchterem Magen:
1. eingeweichtes Obst od. Schwedenkräuter
2. Apfel oder Birne
3. eisgekühltes Getränk, auch Wasser
4. Bohnenkaffee u. Nikotin

Basisdiät

bei Erkrankungen im Magen/Darm-Bereich. Sie sollten 5-6 kleine Mahlzeiten am Tag zu sich nehmen, die Sie fettarm und schonend zubereiten sollten.

Vermeiden sollten Sie folg. Lebensmittel:

a. fritierte u. fette Speisen, zu kalte u. heiße und zu saure Speisen.

b. kohlensäurehaltige Getränke, Bohnenkaffee

c. Schmalz, Talg, Speck, Mayonnaise

d. Hülsenfrüchte, Gurkensalat, Kohl event. Sauerkraut, Zwiebeln, Porree, Pilze u. Paprikagemüse

e. fette u. süße Backwaren z. B. Cremetorten u. Fettgebackenes

f. zu scharf gewürzte Speisen, stark geräucherte Lebensmittel

g. hartgekochte Eier

h. geschlagene Sahne
i. frisches Brot
k. Schimmelpilzkäse
l. Trockenobst, Nüsse, Mandeln.

Purinarme Kost, Ernährungsform bei Gicht (Hyperurikämie), Sie haben zuviel Harnsäure im Blut, falls Sie gleichzeitig an Übergewicht leiden, sollten Sie eine purinarme Reduktionskost einhalten:

1. wenig Alkohol 2. wenig Zucker,
3. fettarme Zubereitungsarten
4. viel trinken, kein dunkles Bier
5. Verboten sind purinhaltige Lebensmittel wie Fleisch von Schlachttieren u. daraus hergestellten Prodückten, (auch Fleischextrakt u. ä.) alle Fischsorten, auch Konserven,

Hülsenfrüchte, Spargel, Spinat, Blumenkohl u. Feldsalat, es kommt für Sie nur eine vegetarische Kost mit Ei- und Milchprodukten in Frage = ovo - lacto - vegetabil

Rezeptbücher gibt es im Buchhandel

Purine in Kaffee, Tee und Kakao werden nicht zu Harnsäure abgebaut.

Cholesterinarme Kost

bei einem erhöhtem Cholesterienspiegel

Bei Übergewicht sollten Sie gleichzeiteg eine Reduktionskost einhalten, ansonsten eine vollwertige, gemischte Normalkost mit folgenden

vollständigen Einschränkungen:

Innereien, Eigelb (Eiweiß enthält kein

Cholesterien) Butter, Schlachtfette,
alle fetten Wurstsorten z. B. Teewurst,
Leber-, Jagd-, Fleisch- u. Mettwurst,
Schweinemett, Würstchen, Hausmachersülze,
Mayonnaise, Sahne, Sauerrahm,
Eiscreme, alle Käsesorten über
30% F. i. Tr.

Sie sollten nur fettarmes Fleisch u.
fettarmen Fisch (Seelachs, Heilbutt,
Scholle, Forelle, Rotbarsch, Hecht u.
Dorsch) essen.

In geringen Mengen Alkohol,
möglichst keinen Zucker und
keinen Honig.

Salzarme Kost

bez. natriumarme Kost bei Bluthochdruck (Hypertonie) Ödemen, Herz- u. Lebererkrankungen
(nach ärztlicher Verordnung)

Jegliches Zusalzen ist verboten

durchschnittl. Salzverbrauch: 13-15g/Tag
" Salzbedarf: 3g/Tag wird auch ohne Zusalzen gedeckt.

Grundsätzlich sollten Sie eine vollwertige, gemischte Kost, event. Basisdiät, essen, unter Vermeidung von:

1. gesalzenem Brot (selbstbacken)
2. " Käse, es gibt salzarmes
3. " Wurst, " "
4. Geräuchertem u. Gepökeltem
5. Fertigprodukten wie Konserven u. Suppenkonzentraten u.s.w.
6. gesalzenen Nahrungsmitteln wie

Salzstangen, Laugenbrezeln, Erdnüsse
7. Backwaren (Backpulver enthält viel Natrium)
8. Senf, Kapern, Soßenpulver, Meersalz
9. gesalzene, dän. Butter
10. Natriumarmes Mineralwasser

Verwenden Sie viele Küchenkräuter zum Würzen u. achten Sie auf eine schonende u. schmackhafte Zubereitung, (braten u. dünsten, statt in viel Wasser kochen.

Bananen wirken wasserausschwemmend, einmal pro Woche könnten Sie einen Karenztag einsetzen, der wasserausschwemmend wirkt:

200-250g Reis in natriumarm. Wasser gekocht mit 1000-1200g Kompott od. Gemüse in 3-5 Mahlzeiten essen u. bis 1l Mineralwasser trinken.

Diabetes-Diät

Wenn Sie Insulin spritzen, empfehle ich Ihnen, sich ein Buch zu kaufen oder sich sehr gut im Krankenhaus oder bei der Diab. Vereinigung beraten zu lassen.
Meine Empfehlungen sollen nur eine grobe Einführung für Altersdiabetiker ohne medikamentöse Behandlung sein. Bei Übergewicht ist unbedingt eine Reduktionskost angesagt, da sich dadurch der Gesundheitszustand oftmals bessert.
Gut wäre es, wenn Sie sich als Diabetiker die süßen Naschereien abgewöhnen könnten u. lieber in die saure Geschmacksrichtung tendieren würden.
Reine Kohlenhydrate, wie Rüben- u. Traubenzucker, insbesondere in Zu-

bereitungen wie Bonbons, Schokolade, Kuchen, Honig, Marmelade, Bier, Süß-wein, Likör u. Limonaden sind wegen ihres hohen Gehalts an löslichem Zucker nicht erlaubt.

Fettreiche Nahrungsmittel mit mehr als 30% Fett in Trockensubstanz, wie Käse, Rahm, fette Wurst, Hering, Aal, Mayonnaise, Nüsse u.s.w. sind eben-falls nicht zulässig.

Um den Bedarf an Vitaminen und Wirkstoffen zu decken, soll die Diabe-tesdiät abwechslungsreich sein u. täglich Brot, Kartoffeln, Milch, Obst u. Gemüse enthalten.

Süßen können Sie am einfachsten mit Süßstoff, da Sorbit, Frucht-zucker u.s.w. auch angerechnet werden müssen.

Ansonsten Diabetiker-Artikel wie Marmeladen u.s.w. verwenden, wobei man sehr kritisch das große Angebot der Diab.-Artikel betrachten muß, da sie meistens leere Kohlenhydrate (also ohne Vitamine u. Mineralstoffe) u. viel Fett enthalten.

Darum ist es auch wichtig, statt Fein- und Weißbrot Vollkornbrot zu essen, da dieses langsamer vom Körper aufgenommen wird.

Ganz wichtig ist die richtige Benutz. der kohlenhydrathaltigen Lebensmittel, die zur Vereinfachung in BE = Broteinheiten, eingeteilt sind.

Vom Arzt wird Ihnen eine bestimmte BE-Einheit zugeteilt, die Sie täglich essen sollten.

Anhand einer Kohlenhydrat-Austausch-tabelle (Georg Thieme Verlag, Stuttgart) können Sie sich Ihren Speiseplan unter Berücksichtigung einer fettarmen Zubereitung selbst zusammenstellen. Dabei sollten Sie 5-7 kleine Mahlzeiten täglich zu sich nehmen.

Kartoffeln fettarm zubereiten, bei Gemüse sollten Hülsenfrüchte, Erbsen, Zwiebeln, Schwarzwurzeln, Mais u. Sojabohnen selten verzehrt werden.

Insel Fehmarn

Backrezepte

Keiner kann etwas mitnehmen,
jeder kann etwas vorausschicken!

Glaube an Dich selber!
Habe Vertrauen in Deine Fähigkeiten!
Denn jedes Gefühl der Minderwertigkeit lähmt Deine Tatkraft!

28	Haferflockenmakronen
142	Hefeblechkuchen
183	Hefekranz
181	Hefeschnecken
180	Heiße Wecken
29	Heidesand
37	Heidesand
114	Herrentorte
112	Himbeertorte
115	Himmelstorte
149	Ingwerrolle
54	Hundertjährskuchen
154	Johannisbeerkuchen
ab 21	Kleingebäck
131	Kaffeekuchen

Vorweihnachtliches Ungeziefer =
436 Nikolaus

180	Laugenbrezel
132	Lebkuchenhaus
64	Linzertorte
101	Malaga-Rumtorte
36	Makronen
38	Makronenschnitte
36	Mandelesse
34	Mandelhörnchen
35	Mandelhörnchen
74	Mandelkuchen
41	Mandelsplitter
75	Mandeltorte
147	Marktkuchen
165	Marmorkuchen
40	Marshalltörtchen
156	Marzipankuchen
46	Marzipanmakronen
86	Marzipantorte
85	Mignontorte
111	Mokkatorte

Jeden Tag dem andern Freude machen,
jeden Tag ein bißchen herzlich lachen,
jeden Tag recht froh gestimmt,
ist ein Rezept, das Sorgen nimmt!

In der ersten Hälfte seines Lebens opfert der Mensch die Gesundheit, um Geld zu verdienen. In der zweiten Hälfte seines Lebens opfert er sein Geld, um die Gesundheit zu erlangen.

Hochzeitsfeiertage

1 Jahr	Baumwollene Hochzeit
5 Jahre	Hölzerne Hochzeit
7 Jahre	Kupferne Hochzeit
10 Jahre	Rosenhochzeit
12½ Jahre	Petersilienhochzeit
15 Jahre	Gläserne Hochzeit
20 Jahre	Porzellanhochzeit
25 Jahre	Silberne Hochzeit
30 Jahre	Perlenhochzeit
35 Jahre	Leinwandhochzeit
40 Jahre	Rubinhochzeit
50 Jahre	Goldene Hochzeit
60 Jahre	Diamantene Hochzeit
65 Jahre	Eiserne Hochzeit
67½ Jahre	Steinerne Hochzeit
70 Jahre	Gnadenhochzeit
75 Jahre	Kronjuwelenhochzeit

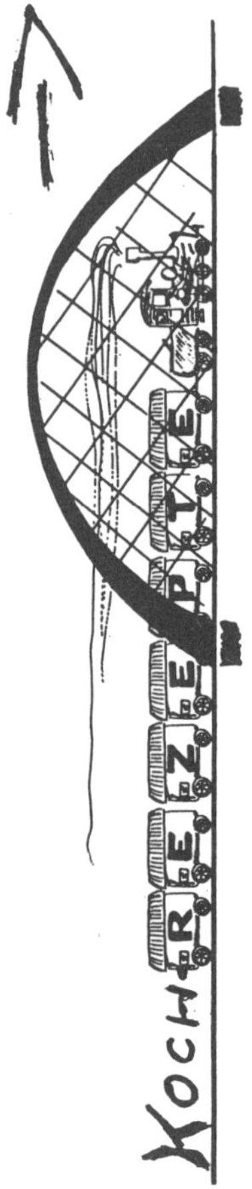
KOCHREZEPTE

Gut gegessen, hält den ganzen Tag,
gut geerntet, hält das ganze Jahr,
gut geheiratet, hält das ganze Leben!

Bücher aus dem Detlef-Verlag

Handgeschriebenes
Koch- und
Backbuch
13 €
ISBN 3-9802267-0-0

Handgeschriebenes
Gemüse-
kochbuch
12 €
ISBN 3-9802267-7-8

Unterhaltungs-
buch

12 €
ISBN 3-9802267-2-7

Unterhaltungs-
buch

12 €
Bd. 1 ISBN 3-9802267-3-5

Unterhaltungs-
buch

12 €
Bd. 2 ISBN 3-9802267-8-6

Unterhaltungs-
buch

12 €
Bd. 3 ISBN 3-9802267-9-4